本书得到教育部人文社会科学研究规划基金项目"赋权：'互联网+'时代共享经济的社会排斥治理研究"（19YJA840021）、江西省高校人文社会科学研究项目"共享经济中数字贫困群体的社会排斥与融入问题研究"（SH18104）、江西省社会科学规划项目"共享经济平台中的社会排斥风险与防范研究"（22SH17D）、江西省教育科学规划课题"'互联网+'背景下大学生金融能力提升研究：金融社会工作的视角"（20YB026）资助。

塑造新市民
新生代农民工个体化研究

李立文 余冲◎著

中国社会科学出版社

图书在版编目（CIP）数据

塑造新市民：新生代农民工个体化研究 / 李立文，余冲著. -- 北京：中国社会科学出版社，2025. 8.
ISBN 978-7-5227-3933-5

Ⅰ．C912.1

中国国家版本馆 CIP 数据核字第 2024EL4708 号

出 版 人	季为民
责任编辑	周　佳
责任校对	胡新芳
责任印制	李寡寡

出　　版	中国社会科学出版社
社　　址	北京鼓楼西大街甲 158 号
邮　　编	100720
网　　址	http：//www.csspw.cn
发 行 部	010 - 84083685
门 市 部	010 - 84029450
经　　销	新华书店及其他书店
印　　刷	北京明恒达印务有限公司
装　　订	廊坊市广阳区广增装订厂
版　　次	2025 年 8 月第 1 版
印　　次	2025 年 8 月第 1 次印刷
开　　本	710×1000　1/16
印　　张	11.5
插　　页	2
字　　数	203 千字
定　　价	68.00 元

凡购买中国社会科学出版社图书，如有质量问题请与本社营销中心联系调换
电话：010 - 84083683
版权所有　侵权必究

目 录

第一章 导论 …………………………………………………… (1)
 第一节 研究问题 ……………………………………………… (1)
 第二节 文献回顾 ……………………………………………… (4)
 第三节 研究内容与研究方法 ………………………………… (12)
 第四节 创新之处 ……………………………………………… (24)

第二章 中国社会个体化的全面转型 …………………………… (26)
 第一节 中国身份识别制度的个体化转向 …………………… (26)
 第二节 中国用工制度的个体化转向 ………………………… (34)
 第三节 中国农村社会心理的个体化转向 …………………… (48)
 第四节 从"为他人而活"到"找到自己的活法" ………… (62)

第三章 数字化场景下主体的塑造 ……………………………… (75)
 第一节 低端信息技术与跨域社会网络的建立 ……………… (75)
 第二节 个体化的技术与风险 ………………………………… (83)
 第三节 数字平台经济下对自由的浪漫想象 ………………… (87)

第四章 主体策略性嵌入：时空体验与风险应对 …………… (105)
 第一节 体验时空：新生代农民工的日常生活世界 ………… (106)
 第二节 弱者的武器：社会原子的自我救赎 ………………… (115)
 第三节 再嵌入：新市民组织型社会资本的构建 …………… (121)
 第四节 "挣积分"：城市的个体化赋权与新市民身份获得 …… (132)

第五章 制度性再整合：个体化与专业知识的调用 ……………（148）
  第一节 个体化与专业知识的调用 ………………………（148）
  第二节 治理型增能：知识—权力的结合 ………………（154）
  第三节 社会工作服务与农民工个体化 …………………（158）
  第四节 社会影响及后果 …………………………………（163）

第六章 研究结论与讨论 ……………………………………（167）
  第一节 研究结论 …………………………………………（167）
  第二节 进一步研究的问题 ………………………………（169）

参考文献 ………………………………………………………（173）

附　录 …………………………………………………………（179）

后　记 …………………………………………………………（181）

第 一 章

导　　论

大规模的乡城人口流动是中国从总体性社会向个体化社会转型的直接体现。在个体化社会成长起来的1980年后出生的新生代农民工正成为农民工的主要力量，根据国家统计局的数据，2020年中国农民工总量达2.86亿人。其中，1980年及以后出生的新生代农民工占农民工总数的49.4%，这表明"80后"以及更年轻的农民工已经成为农民工的主体。新生代农民工群体身处一个复杂的现代性环境中，这个环境融合了前现代、现代和后现代的因素，与第一代农民工所处的环境截然不同。[1] 随着中国社会经济转型和现代化进程的加快，社会个体化趋势不断加强。这一趋势无疑会对身处其中的个体产生重要影响，因此，从新的理论视角重新审视新生代农民工的问题，对于更好地把握新生代农民工群体的走向具有重要的理论价值和现实意义。

第一节　研究问题

自20世纪70年代末中国经济改革开放以来，大约有2.96亿人离开家庭和传统的社会支持网络，前往城市寻找工作和生存发展机会。尽管外出流动并不是新的现象，但其流动规模、力度和影响之大前所未有。对农民工流动的理论解释主要有推拉理论、社会网络理论、人力资本理论等，

---

[1]　孙立平等：《改革以来中国社会结构的变迁》，《中国社会科学》1994年第2期。

这些理论解释提供了不同的视角来理解农民工流动的动因和影响因素。也有学者认为，流动是家庭的一种生计策略，是家庭全体成员福利最大化的理性决策的结果，但也不能因此假设个体的流动动机纯粹是经济驱动的。研究表明，新生代农民工的外出动机正趋于多样化，追求生活意义与自我发展开始成为新生代农民工的外出动机。[①] 农民工返乡时带回了城市新的服装和化妆品等，这些正改变着农村社会。在城市与"发展"、农村与"落后"等同观念的影响下，大多数新生代农民工认为农民生活乏味，而将流动视为一种摆脱家庭控制或村庄压力的主要方式。对于一些人而言，它可能还提供了一个追求独立的通道。"自己赚钱自己花"的"自给自足"的生活状态，让他们感觉自己已经长大，并成为自己生活的主宰者。另一个趋势是，新生代农民工在城市务工的时间越来越长。国家统计局发布的《2020年农民工监测调查报告》显示，外出农民工在城镇停留的时间普遍在1年以上，其中在直辖市、省会等大城市就业的农民工平均在城市停留时间为7.6年，进城农民工对所在城市的归属感和适应性不断增强，更加积极参加所在社区、工会组织的活动，越来越多的农民工倾向于在城市就业和定居。[②] 与第一代农民工相比，新生代农民工正在向"全职务工""追求平等""融入城市"转变。与传统的农村个体相比，这些个体在思维方式、行为方式和心理期待等方面都有很大的不同。虽然新生代农民工仍循着父辈们的足迹，徘徊于城乡之间，进行着钟摆式的流动，但他们流动的周期越来越长，出现了钟摆偏向城市一边甚至停摆的现象。他们经历着自愿脱嵌的自由，也陷入"半嵌入"或难嵌入城市的焦虑中。这个群体究竟何去何从，是成为符合国家宏观发展规划的城市"产业工人"，还是农村社会中筑巢以待的、期盼飞回的"金凤凰"，抑或是城镇化战略推进中的"新市民"？

改革开放的四十多年是中国政策和制度剧烈变迁的时期。在过去的四

---

① 王春光：《新生代农村流动人口的外出动因与行为选择》，《中国党政干部论坛》2002年第7期。
② 《2020年农民工监测调查报告》，2021年4月30日，国家统计局网站，http://www.stats.gov.cn/xxgk/sjfb/zxfb2020/202104/t20210430_1816937.html?eqid=a33e30ae0007c44c00000006642d1f7f。

十多年中，我们经常看到的现象是，为了实现发展的目标，制度实施要经历中央或地方政府"自上而下"的推广，经过政策实施组织层面的"变通"，经过几个月或几年的"消化"，一个新的制度逐渐被全部或者部分地落实。然而，我们往往忽略的一个事实是，政策或制度最终如何被目标人口接受和消化？阎云翔认为，国家通过制度性改革，进行制度性的松绑，进而塑造了具有竞争力的个体。[①] 在这个过程中，政策和制度就在目标人口那里获得了合法性。然而，这个过程是如何发生的？发生的机制是什么？是如何被行动主体落实下去的？造成了怎样的社会后果？这些问题需要进一步研究。通过多年的观察与思考，我们期待可以丰富新生代农民工的相关研究。

本书研究的是个体化过程中的治理机制和实践问题。个体化既是新的理论命题，又是一个鲜活的经验问题，个体化理论研究已经在其他国家得到广泛的检验和修正，而在中国情景下，还只是部分地被检验，对个体化的研究多停留在个体形成的一面，对于个体形成过程中的治理却缺乏研究，并且较少关注个体化过程和治理的机制与实践问题。新生代农民工成长在中国社会个体化的背景下，其生命历程中的制度变迁、生命事件与中国社会的日渐个体化密切相关，其生命历程被个体化与制度化共同编织，本书旨在对中国的社会制度与文化环境下的个体化与治理的关系进行研究，试图回答如下问题。

（1）在中国的个体化社会形成和发展的过程中，国家在个体化社会中的角色是什么？国家以何种方式对个体化过程发挥作用？国家和地方政府如何塑造有竞争力的新市民？（2）在个体化的社会中，新生代农民工面临哪些个体化的矛盾或焦虑？他们的适应策略是怎样的？（3）在风险个体化的情景下，国家如何治理、维持秩序或确保一定水平的整合？

个体化并非新近出现的社会现象，而是伴随现代性的孕育与发展逐步产生的。在当今的世界，个体化正成为一种全球性趋势，不仅改变着社会发展的结构，同时塑造着国家—社会—个体之间的关系。中国社会的个体化既具有一些全球性的普遍特征，又有独特之处，对于处于转型期的中国

[①] ［美］阎云翔：《中国社会的个体化》，陆洋等译，上海译文出版社2012年版。

社会而言，需要提升国家治理能力水平，以便更好地应对个体化带来的挑战。同时，也需要培养既有个体性又注重公共性的社会团结，这是应对个体化挑战的关键，也是社会学责无旁贷的使命。

第二节 文献回顾

中国个体曾深嵌于家庭、亲属、地方社区等传统关系之中，现代民族国家的建立开启了将个体从上述传统关系中解放出来并置于社会主义集体建设的进程。改革开放以来，集体化逐渐解体，在社会生活的许多方面出现了个体的崛起，"个体化"成为近年来解释中国社会转型的重要视角。与此形成对照的是，自20世纪下半叶以来，西方社会进入"第二现代性"阶段，其基本特征之一就是个体化，即个体与社会之间的关系发生了结构性的转变，传统对个体的控制与支持日渐减弱，社会成员必须以个体身份来积极主动地创造自己的身份与认同。安东尼·吉登斯、齐格蒙特·鲍曼以及乌尔里希·贝克等学者对个体化趋势进行了深入讨论，其中，贝克的个体化理论明确提出的"解放的维度""祛魅的维度""重新整合的维度"，为理解中国社会转型、考察人们的生活处境、人生轨迹以及认同的变化提供了有力的分析工具与理论框架。然而，不同国家与社会的个体化进程并非遵循相同路径，受各自历史与文化影响，呈现出不同形态。

一 个体化研究

(一) 个体化理论研究

个人与社会的关系是社会学研究的经典命题。从阿历克西·德·托克维尔、卡尔·马克思到埃米尔·涂尔干、马克思·韦伯，他们从不同的视角解释和预测现代社会的发展，阿历克西·德·托克维尔把这一变迁描述为从贵族社会到民主社会的转变，卡尔·马克思阐述为从封建社会到资本主义社会的转型，埃米尔·涂尔干描述为从机械社会向有机社会类型的变化趋势，而马克思·韦伯则将其描述为一个从传统型社会向法理型社会的转变。当代的个体化理论研究致力于处理个体性的需求与个体对社会制度的依赖之间的关系，强调社会制度对个体形成和社会重组的重要作用。

个体化发展的两个阶段。乌尔里希·贝克认为，个体化是过去三百年来随着现代化的逐步实现而发生的。他把个体化区分为第一现代性和第二现代性的个体化。第一现代性阶段指从传统社会到工业社会，这是个模糊的个体化阶段，"第一现代性的基础是民族—国家社会，是阶级、家庭和族群之类的既定集体身份认同"，集体主义是社会中主流的意识形态，而大部分人坚守着对社区和家庭的价值。从20世纪60年代开始，现代性似已抵达其发展的极限，正迈向一个新的阶段——第二现代性（自反性现代化）。第二现代性指从工业社会到风险社会，这个阶段的个体化是清晰的，此时，个体主义占据主流。贝克认为，现代化的进一步发展使以往锁住每个人人生的家庭和职业这两轴支离破碎，一种新型的、由多元关系协商构成的临时家庭（后家庭）正在出现。"在个体化状况下的家庭生活中，已经不再有什么既定的义务和机会，不再有现成的日常工作组织方式，不再有可供效仿的男女关系和亲子关系。"个体化的旋涡已经摧毁了社会共存的既有基础，因此，我们可以把个体化简单定义为不再重新嵌入的抽离（disembedding without reembedding）。

个体化命题揭示了西欧发达国家中社会关系的本质性变化，但作为发展中国家的中国所发生的变迁模式与西欧存在差异。福利国家通过福利制度保障，有效控制了不平等的差距。虽然出现了个体身份认同由个体的生活方式和自我理解来决定的社会文化，但这也加重了个体对福利国家保障的依赖程度，以维持本体论意义上的安全感。这就是乌尔里希·贝克与伊丽莎白·贝克—格恩斯海姆所说的制度化个体主义的悖论式发展。在世界经济全球化竞争中，福利国家推崇个人的选择、能动性和责任与自助式生平模式来降低个体对国家的依赖。因此，在后现代环境下，社会和社会关系的个体化加剧，导致出现了一个充满不稳定性、不确定性和自由流动性的风险社会。

上述西欧个体化命题在何种程度上可以应用到其他类型的社会中，需要结合具体的社会特点和发展阶段进行深入分析。目前仍处于现代化进程中的中国是否存在个体化趋势？如果答案是肯定的，那么中国社会的个体化是以什么方式发生的？这些问题的回答既要结合对新生代农民工这一行动者的观念、行动和话语的诠释，也要紧密联系中国改革开放后的正式制度变迁，才能揭示改革开放以来中国社会发生的深刻变化。

（二）日韩个体化的实践研究

尽管欧洲各国的现代化过程有显著的区别，不仅存在多重的现代性，也存在多重的现代化，但总体而言，以欧洲社会发展为基础的个体化理论命题在西方得到了检验或部分检验。考虑到亚洲社会的个体化具有独特性，因此，起源于西欧的个体化理论在全球范围内的适用性需要进一步具体分析，并通过地方性的经验资料来检验，以帮助我们更好地理解个体化在不同社会制度和文化下的变化。

韩国的个体化路径研究。研究显示，个体化在当代和最近的东亚社会的转变是巨大的。韩国学者 Kyung－Sup Chang 和 Min－Young Song 对韩国女性的研究提供了丰富的经验数据，展现了性别角色、关系和期望的引人注目的变化，他们引入了一套不同的个体化的维度和形态，即陌生化、规避风险的个体化、重建个体化、游牧个体化、人口个体化和制度化的个体化。[1] 他们指出，不必采取绝对的个体主义的立场把个体化的某些形态置于优先地位，而是将其视为某种特定的社会文化，认为很可能存在一种"没有个体主义的个体化"的情况。

Kyung－Sup Chang 和 Min－Young Song 使用"压缩的现代性"概念研究了韩国社会转型中的现代化过程，[2] 认为韩国的现代化过程比欧洲更迅速、时间更短，韩国的现代化过程是省略的或压缩的现代化，它发生在一个相对较短的时间内，且主要发生在城市中心。在这个过程中，包含着恩斯特·布洛赫所说的发展的共时性，即前现代、现代与后现代的境况在一个社会中同时并存的状态。与将现有的制度和社会关系带进一个新的整合的社会结构不同，压缩的现代性看起来是不系统的。当面临全球化对家庭

---

[1] Kyung－Sup Chang, Min－Young Song, "The Stranded Individualizer under Compressed Modernity: South Korean Women in Individualization without Individualism", *The British Journal of Sociology*, Vol. 61, No. 3, 2010. pp. 539－564.

[2] Kyung－Sup Chang, Min－Young Song, "The Stranded Individualizer under Compressed Modernity: South Korean Women in Individualization without Individualism", *The British Journal of Sociology*, Vol. 61, No. 3, 2010. pp. 539－564.

带来严重的制度威胁时，各种各样规避风险的个体化趋势出现。在家庭领域，为了将风险降到最低，出现了贝克在西方观察到的个人尽量延长或退回到个体化生活的方式。韩国的"脱主妇化"现象反映了家庭制度的变迁，并导致家庭关系的本质发生变化，原本由家庭作为整体提供的支持，现在更多地转变为个体所需承担的风险与责任。这是由压缩的现代性与晚期现代性共同衍生出来的一种"无个体主义的个体化"。

日本的个体化路径研究。在社会学领域，日本学者武川正吾关注19世纪与20世纪两种不同的个体化。以埃米尔·涂尔干（Emile Durkheim）为代表的19世纪的个体化理论，体现了一种家庭主义的个体主义，个体紧密依附于家庭，缺乏独立人格。在21世纪的社会中，个体化现象已广泛渗透到家庭、工作单位及地域社会等多个层面。作为社会基本单元的家庭的稳定性受到挑战，家庭被分割为丈夫、妻子和孩子等独立的个体，家庭成员间关系更加疏离，各自追求个人目标与利益，家庭更像是一个提供居住服务的场所，而非传统意义上的情感共同体。现代家庭更像是"家庭宾馆"[①]。这些研究为我们解构和重新定义欧洲的模式提供了概念资源和经验支持。针对日韩等现代社会出现的"去家庭化"现象及发展趋势，落合惠美子等学者认为，与欧洲同居取代婚姻不同，东亚地区的婚姻作为一种义务和责任的制度仍然完好无损。正因为如此，为了避免家庭负担，出现了规避风险的个性化，东亚当前人口和家庭变化的原因不是个人主义，而是家庭主义。为了避免家庭负担，出现了规避风险的个性化。[②] 此外，M. Suzuki 等学者认为，在日本社会的第一现代性中，私营企业成为承担风险管理、促进社会整合和维护社会秩序的重要机制，然而，进入20世纪90年代后，全球化和新自由主义政策摧毁了这些风险稳定机制，带来了城市年轻工人的贫困和边缘地区的崩溃，家庭随着未婚率和离婚率的攀升也被

---

① ［日］武川正吾：《福利国家的社会学》，李莲花等译，商务印书馆2011年版，第95—99页。

② E. Ochiai, "Unsustainable Societies: The Failure of Familialism in East Asia's Compressed Modernity", *Historical Social Research*, Vol. 36, No. 2, 2011.

迫个体化。日本人在个体化和对安全的渴望之间左右为难。①

二 人口治理的相关研究

治理为我们理解国家权力在新生代农民工主体形成中的作用提供了一个新的视角。在治理术的视角下，政治权力被视为一个行动者网络系统，该系统通过构建权威性的治理联盟来影响和调控经济活动、社会生活，以及个人的行为模式。治理术的概念已经被应用于分析当代中国的社会和政治现象，例如警察、工作单位、信仰和两性健康等领域。Nikolas Rose 和 Peter Miller 两位学者确定了治理术的两个概念性要素，即政治的理性和治理的技术。② M. Merlingen 认为，现代政治理性和政府技术与知识的发展和专业知识的权力有着内在联系，依赖于"远程治理"的技术，提升治理的有效性。③

David Bray 对社区建设话语的浮现和城市社区的结构转型进行了研究，探讨了"社区建设"运动背后的逻辑，并分析了为实施"社区治理"而采用的技术。④ 张鹏的研究表明，在流动人口的社会经济生活中，社会转型时期空间与权力的生产推动社会治理模式的转变，国家力量仍居核心地位。⑤

总体来看，这些研究都突出了当代中国治理实践的复杂性和多样性，也揭示了治理术在非西方情境下的价值与局限性。Gary Sigley 认为，治理术在非西方情景下的研究已经如雨后春笋般开始萌芽，在某些方面，中国

---

① M. Suzuki et al., "Individualizing Japan: Searching for Its Origin in First Modernity", *The British Journal of Sociology*, Vol. 61, No. 3, 2010, pp. 513 – 538.

② Nikolas Rose, Peter Miller, "Political Power Beyond the State: Problematics of Government", *The British Journal of Sociology*, Vol. 61, No. 1, 2010, pp. 271 – 303.

③ M. Merlingen, "From Governance to Governmentality in CSDP: Towards a Foucauldian Research Agenda", *Journal of Common Market Studies*, Vol. 49, No. 1, 2011, pp. 149 – 169.

④ David Bray, *Social Space and Governance in Urban China*, Stanford: Stanford University Press, 2005, p. 277.

⑤ 张鹏:《都市里的陌生人：中国流动人口的空间、权力与社会网络的重构》，袁长庚译，江苏人民出版社 2014 年版，第 217 页。

已经在这个领域取得了显著成果。① 在非西方的治理中发展出的政治理性和实践被简化为政治推理，这对于将治理术的研究范畴拓展至非西方情境下具有极其重要的意义。

三　新生代农民工主体性研究

关于新生代农民工主体建构的研究很多，本部分仅选取代表性的研究，从国家与新生代农民工主体化过程的关系角度来进行梳理。

农村私人生活领域中独立个体的出现是一个备受关注的问题。阎云翔运用民族志方法研究了东北下岬村个体崛起的现象，并探讨了国家在中国农民私人生活领域转型中的强大推动作用。阎云翔认为，在过去半个世纪里，国家通过制度性转变塑造了社会主义新人，个体通过应对这些制度变迁而崛起，并内化了国家设定的个体发展方向。② 鉴于该研究是在大规模民工潮涌现之前进行的，面对当前人口流动常态化的新形势，我们需要进一步探究国家如何有效治理大规模的流动人口，以及国家如何塑造与强化农民工主体性。此外，我们还需要探讨农民工个体如何有意识地参与到国家对个体的管理中，以及他们运用何种策略去应对困境，并创造出自己的生活空间。

尽管农民工常被社会情境塑造为"问题人"，或被排斥为"边缘人"，容易陷入"缄默文化"而失去其主体性，但农民工群体也发挥其主体性来重新构建其主体性身份。他们采取三种话语实践策略：消解"农民工"命名和称谓、以主体身份质疑纪录片的文本结构和创造自身话语。③ 然而，仅凭借农民工群体自身的实践，无法完全转变他们在城市中作为"他者"的身份。有研究指出，随着经济转轨和社会转型的加速推进，单纯地从制度与政策层面介入还是远不够，还需要从农民工这个"活生生的

---

① Gary Sigley, "Chinese Governmentalities: Government, Governance and the Socialist Market Economy", *Economy and Society*, Vol. 35, No. 4, 2006, pp. 487-508.
② ［美］阎云翔：《私人生活的变革：一个中国村庄里的爱情、家庭和亲密关系（1949—1999）》，龚小夏译，上海书店出版社2009年版，第239、256页。
③ 陈刚、王卿：《从"寻求生存"到"渴望承认"：媒介"凝视"与农民工主体性身份再建构》，《新闻界》2019年第2期。

人"入手,运用"充权"和"叙事"等手段,使其主体性得以回归。①在城镇化推进过程中,也需要重视"人"的融合性感受,关注农民与城镇户籍居民的文化融合、心理认同与身份认同等深层次问题。此外,解决劳动力市场壁垒、教育机会与医疗资源的公平分享、城镇住房等问题,对于促进社会融合具有实质性意义。②

治理领域的研究对移民主体性的形成有重要借鉴意义。学者 Mitchell Dean 提出了研究理解体制运作的四个层次水平,分别是领域的可见性、治理的技术层面、潜在形式的知识水平和认同的形成。③ 主体的形成和塑造还与技术有关,人口输出国创造环境以促进形成具有特定技能和人格特征的移民,学者 Susan Coutin 认为移民体系创造了特定的人格和生活实践。④ 从这个角度来看,移民主体形成的过程也是国家对移民人口治理的过程,学者 Gardiner Barber 指出通过移民的实践和输入地与输出地的国家政策,具有特定的阶级认同和主体性的理想移民被构建出来。⑤

主体性的形成过程是一个不同主体之间相互作用的社会实践,其中,政府、私人企业等在内的各个主体在理想移民的生产中起着重要作用。在这个过程中,私人行动者如招募者、雇佣者、国家代理人和非政府组织,以及移民自身都参与到理想人口的规训和管制的安排中。现有研究呈现了在城市务工的日常生活实践中,个体试图嵌入主流社会的诸种行动逻辑,包括对城市文化和生活习惯的渴求和适应,以及在城市排斥下的自我消解和潜在的抗衡。尽管强调个体化过程中的主体性,但研究者多认为新生代农民工主体被国家、资本和全球化的政治经济建构和塑造,其主体性建构更复杂和多元。正如齐格蒙特·鲍曼所说,"我们都是有权利的个体,然

---

① 卫小将、何芸:《主体性的再思与打造:社会工作视阈中的农民工》,《华中科技大学学报》(社会科学版)2011年第2期。
② 陈云松、张翼:《城镇化的不平等效应与社会融合》,《中国社会科学》2015年第6期。
③ Mitchell Dean, "Governing the Unemployed Self in an Active Society", *Economy and Society*, Vol. 24, No. 4, 1995.
④ Susan Coutin, *Nations of Emigrants: Shifting Boundaries of Citizenship in El Salvador and the United States*, New York: Cornell University Press, 2007, pp. 210 – 253.
⑤ Gardiner Barber, "The Ideal Immigrant? Gendered Class Subjects in Philippine-Canada Migration", *Third World Quarterly*, Vol. 29, No. 7, 2008, p. 1268.

而，这并不意味着我们每个人在事实上都能实现自身的权利。通常，控制生活仅仅是故事讲述的生活方式，而不是实际生活的方式"。①

总之，主体性建构是一个对自我进行辨识、确认的过程。在与周围的个体和事物的比较中，发现自己的独特之处，同时也发现自己与主要群体之间的共通之处，从而达到对"我是谁"这一问题的确认。因此，主体性建构的过程是一个对自我不断认同的过程。

四 研究评述

贝克的个体化命题描述和解释了现在社会中个体与社会关系正经历的结构性转变，个体化与标准化同时出现在个人经验中，体现在制度和结构层面。被解放出来的个体依赖福利国家的管理和支持。同时，贝克在《个体化》一书的自序中也提到两个缺失的维度，"其一是权力，其二是权力和主体性之间的关系"。② 在中国个体化的文献研究中，国家的作用也被凸显出来。贝克在为《"自我"中国：现代中国社会个体的崛起》一书作序时指出，国家和个体化之间紧密相关，但在不同的国家和地区中，二者之间联系的形式可能差别较大，甚至完全相反。③ 中国的个体化主要体现在私人生活领域，国家既在个体发展方面发挥了重要作用，又通过规定和规范来管理个体化进程。改革开放后，为了给从农业中稀释出来的剩余劳动力以新的生存空间，中国以柔性的策略引导农民工群体及中国社会的个体化进程。通过治理术之镜，不仅可以对个体化过程中的矛盾和纷争有更清醒的认识，而且有助于将国家的角色和发挥着作用理清楚。

本书尝试将治理术的分析与制度性个体化理论相结合，这一结合有助于我们从两个相互关联的维度来重新审视新生代农民工从农村到城市的流动过程和在城市社会中面临的挑战。

---

① [英]齐格蒙特·鲍曼：《被围困的社会》，郇建立译，江苏人民出版社2005年版，第56页。
② [德]乌尔里希·贝克、[德]伊丽莎白·贝克—格恩斯海姆：《个体化》，李荣山等译，北京大学出版社2011年版，第1—10页。
③ [挪威]贺美德、[挪威]鲁纳编著：《"自我"中国：现代中国社会中个体的崛起》，许烨芳等译，上海译文出版社2011年版，第4—5页。

现有成果中宏观论述较多而微观描述不足、政策探讨较多而策略分析不足，对新生代农民工群体的认识较模糊，存在偏见甚至歧视，不利于我们真正认识新生代农民工群体，甚至有可能给新生代农民工群体的日常生活带来负面影响。因此，笔者以为，探讨、研究新生代农民工时，要去观察农民工群体真正的生活状态，思考他们在想什么、在做什么，以及为什么这么做，更应从他们的人生规划角度去思考他们现在所作所为的意义和价值。

为了避免偏重结构或行动者一端的弊病，吉登斯在研究人口迁移时提出的主体—实践范式，强调移民也完全是一个能动的社会主体和政治主体，每时每刻都在以自己的"实践"来创造新的东西，而不是完全为结构所规定的行动者。[1] 在中国，如果以这种视角来考察农民工的日常实践，则会发现，发生在最基层的流动行为，实则是一个不断累积个人资源、创新社会规则并重塑社会网络的过程。埃利亚斯在《文明的进程》中也给我们开辟了"过程性"的社会学研究路径，[2] 孙立平教授更是给我们提出并具体实践了"过程—事件分析"的研究路径。[3] 这些发现都有助于我们修正以往农民工研究中侧重结构分析的传统范式。或许，从问题范式转向理解范式，从以问题为导向迈向以理解为旨归，应是当前农民工研究的主导范式与进路。

第三节 研究内容与研究方法

一 相关概念

（一）制度性个体化

尽管个体化议题广泛且对于个体化的概念存在诸多争议，但在一些关

---

[1] ［英］安东尼·吉登斯：《社会的构成——结构化理论纲要》，李康、李猛译，中国人民大学出版社2016年版，第31—33页。

[2] ［德］诺贝特·埃利亚斯：《文明的进程》，王佩莉、袁志英译，上海译文出版社2013年版，第123—158页。

[3] 孙立平：《"过程—事件分析"与对当代中国农村社会生活的洞察》，载王汉生、杨善华主编《农村基层政权运行与村民自治》，中国社会科学出版社2001年版，第128页。

键问题上基本能达成共识。普遍认为个体化的基本特征是其社会性，主张制度对个体的生活有深刻影响，而个体化的当代转型受到集体化过程的推动，集体化过程包括社会化的新形式、规制和资源分配，这些反过来又提升了特定的个体性。这种对个体化的阐释挑战了传统上认为个体性随着外部结构消解而显现的观点，以及新自由主义政治意识形态，从而使得个体化理论广受关注。在近几十年的社会科学和文化研究中，个体化议题占据了重要地位。鲍曼、吉登斯及贝克的理论在个体化研究中影响较大。①

近年来，乌尔里希·贝克对个体化的系统探讨在社会学界产生了重要影响。贝克在《风险社会》和《个体化》中，从制度化的个体主义层面来阐述个体化的概念。个体化是"一种新的社会化模式的开端，一种个体和社会间关系的'变形'或者'范畴转型'"，② 个体化实质是制度性动力推动的结果，贝克将这种个体化称为"制度化的个体主义"（institutionalized individualism）。个体作为社会再生产的基本单元，需要更加独立地掌控并承担自身生活的责任。同时，现代社会的关键制度正逐渐嵌入个体而非集体中，人们更多地依赖于一系列的现代性制度和结构，比如福利国家、教育体系、劳动力市场，这些制度和结构向个体提出了新的且常常是相互矛盾的要求。从治理的视角看，在这个过程中，制度迫使个体承担特定的认同和自我治理的责任，借此实现国家治理的目标。

随着个体从传统制度的束缚中解放出来，并对现代制度形成日益加深的依赖，一种新的标准化过程悄然兴起。个体化和标准化这两个看似矛盾的过程，实则在现代生活中并行不悖，既体现在个人的生活体验中，也渗透于制度层面和结构层面。脱嵌后的个体在获得自主权的同时，也越发依赖于以个体为导向的现代制度，这种依赖甚至扩展到了生活的每一个角落。市场作为现代制度的重要组成部分，其对个体的影响尤为显著。例如货币不仅推动了个体化与标准化进程，还加速了全球化的步伐。然而，社会系统与制度在带来便利与效率的同时，也孕育了诸多风险与矛盾。个体

---

① K. Mäkinen, "The Individualization of Class: A Case of Working Life Coaching", *The Sociological Review*, Vol. 62, No. 4, 2014, pp. 821–842.

② [德]乌尔里希·贝克、[德]伊丽莎白·贝克—格恩斯海姆：《个体化》，李荣山等译，北京大学出版社2011年版，第235—236页。

作为社会的基本单元,被迫成为应对这些风险与解决矛盾的主体。为了适应不断变化的制度性需求,并应对日常生活中持续存在的张力,个体以自反性的方式不断调整和重塑自己的生平叙事与身份认同。

概括来说,个体化命题反映了现代社会的现实。个人逐渐从家庭、亲属关系、社群和阶级等传统的界定个体身份和社会范畴中脱离出来,但这并不意味着传统和集体的消失;相反,它们成为个体可以利用的资源。个体化并非完全基于个体的自由选择,而是常常伴随着一种"强制的自主性"。教育体系、劳动力市场、国家规定等现代社会制度在塑造个体自主性方面起着至关重要的作用。这些制度不仅要求个体承担特定的权利和义务,还常常通过一系列规则和标准来界定何为"成功"或"合适"的个体。在脱嵌阶段,由于家庭、社群等传统社会形式提供的保护和支持逐渐减弱,个体不得不更加依赖这些现代制度来寻求支持和保障。然而,这种依赖也增强了现代社会制度对个体的影响力,使个体在某种程度上失去了真正的自主选择权。面对不可靠的自由与不确定性,个体往往不得不将风险内化或心理化。这意味着个体不仅要承担来自社会、经济等方面的外部风险,还要面对来自自身心理层面的压力和挑战。这种内化或心理化的风险处理方式,虽然在一定程度上有助于个体保持心理的平衡和稳定,但也可能导致个体在面对困境时缺乏足够的应对能力和资源。由于对社会制度的依赖,当代人在规划生涯和建立自我认同时,往往不得不根据制度和规则来进行,出现了"从众模式"[1],即个体倾向于遵循社会主流价值观和行为规范来生活。虽然这种模式在一定程度上为个体提供了一种相对稳定和可预测的生活方式,但也可能导致个体的同质化和个性的丧失。在追求个人生活的过程中,个体可能不得不放弃自己的独特性和创造力,以符合社会期望和规则。

贝克等学者提出的制度性个体主义主题,为我们深入理解个体产生的过程提供了独特的视角。他们认为,工作、学校、家庭等现代社会的核心机制都高度强调个体导向,个体根据预先设定的模式形成自我,并将自身

---

[1] [美]阎云翔:《中国社会的个体化》,陆洋等译,上海译文出版社2012年版,第326—381页。

构建成个体化的主体。这并不意味着个体是自由人，而是意味着个体被视为集体力量推动的结果，个体被历史过程征服，但仍保留着一系列迫使他们形成个人传记的制度和思想。个体在面对系统性矛盾时，既是制度的产物，又是解决制度矛盾的主体，个体必须提供基于个人经验的解决方案。

这些论述为本书提供了重要的理论基础，指导我们关注个体化现象的复杂性和多样性，以及不同社会和文化背景下个体化进程的差异。贝克等学者关于个体化的观点和判断主要基于高度现代化的欧洲或西方社会背景，这些理论在解释现代性刚刚起步或发展程度较低的地区时可能面临挑战。中国社会的个体化与西方社会的个体化具有明显的差异性。中国更多地呈现为一种"无个体主义的个体化"，中国社会"以自我为中心"的关系网络中的个体也不等同于西方社会所追求的强调个人主义的个体，个体化在西方社会的挑战是个体结成公共秩序的能力，在中国的挑战是对于"我"的完整性、世俗的幸福何以可能的问题。这在中国成了一个伦理问题，因为它其实不能威胁社会秩序，反而会更加有助于社会秩序；而在西方会成为社会秩序的问题，则是一个社会问题。[1]可见，中西方个体化的动力和表现虽然高度相似，但其在心理和文化中的反映不同，产生的问题也就不同。

（二）治理理性与治理艺术

福柯对现代治理的论述是对其规训社会理论的重要修正，在有关治理的研究中，福柯对国家、权力和主体进行了重新评价。

从权力分析转向国家。福柯不是简单地摒弃权力分析，而是将其转移到国家问题上。福柯认为，权力形成于治理者面对的问题中，形成于经济学、人口统计学的过程中，以及对全民的控制中。权力不再局限于对个体的规训化，而是着眼于全体居民范围内的风险管理和领土的安全上。

自由、安全的设置。福柯认为，产生于18世纪的自由治理形式是以自由为前提，而非以规训式的适应与臣服为基础。现代的治理理性是一种权力形式，"它只通过自由，并依靠每个人的自由才能实施"。个人的自由不是天生的，而是权力估算的产物。换言之，治理实质上就是以"计

---

[1] 杨君：《个体化的类型学及道德底蕴》，《学习与实践》2021年第11期。

算器"而非"宝剑""斧柄"等为权力符号,来构建并作用于个体行动的行为方式,"一种针对行动的行动,针对可能的或实际的、未来的或目前的行动的行动"。① 在这里,自由被当作一种新的真理。

对自由风险的管理——国家式风险管理。福柯认为在自由国家中,自由必须由治理理性确立,并得到保障。与自由相伴相生的是国家"安全设置",国家的安全机制辅助市场自由与个人自由的形成,其目的在于克服全民自由中滋生出来的风险,成全与保障个人实现自由。自由主义背后隐藏的是安全配置的"易辐射性"结构以及"自我技艺"的柔软、灵活,这越发使得权力技术有效。这种最低限度的国家理性不再以对居民做出事实性管制为宗旨,而是以调整"旨趣"为宗旨,即以成就个人自由为宗旨。② 在这种管理理念下,主体成为经济人和自身的管理者,而非受规制的人。

针对人口问题,福柯明确指出,权力的组织方法必须发生重大的转变,新的治理术必须将自己理解为一种调节与安全配置,以人的行动、迁徙与流通的自由为基础才能运转,③ 这样,治理的本质就是对人的自由、人的欲望与利益及这些要素的综合治理。如果没有自由的主体,现代社会是不可理喻的。这样,关于人的知识被生产出来,人的欲望被承认并进入了国家治理范畴。治理的对象不仅包括权力规训下被驯服的身体,还包括通过伦理性自我技术建构的心灵。经由人口,治理术找到了缝合统治权力与规训权力的可能。就此福柯指出,"使自我技术与统治技术发生联系的是治理术"。④ 人口(population)而非个人或者臣民成为新的被治理对象。基于共识基础上的、自觉自愿的、远距离管理的新的权力形式得以形成。

---

① 莫伟民:《莫伟民讲福柯》,北京大学出版社2005年版,第232页。
② [瑞士]菲利普·萨拉森:《福柯》,李红艳译,中国人民大学出版社2010年版,第212—228页。
③ 郑鹏:《现代性、国家与人口治理术(1949—1980年)》,博士学位论文,中国农业大学,2014年。
④ M. Foucault, "Technologies of the Self", in P. Rabinow, M. Foucault eds., Ethics: Subjectivity and Truth, London: Penguin Books, 1997, p. 225.

在福柯看来，治理并不是国家权力的减少或者限制，而是随着现代国家的发展，治理的权力逐渐从地方和个体的层面上升到国家层面。[1] 新的治理艺术带来了一系列后果，一些著名的规训技术对个体的行为进行细致的管理，导致规制、控制、约束等的大范围扩张。在新的治理艺术下，控制力成了自由的原动力，它生产自由，促进自由，使自由活性化。此外，还须建立复杂的协调机构和生产新的权力技术知识。这样，治理既包括国家和相关部门的直接干预，也包括发展用来引导和控制个人的间接技术。通过直接和间接的治理技术，实现责任转移至个体，个体需负责任和分担责任，变成了自我关心的问题。统治技术与自我管理技术结合构成了治理。[2] 虽然治理关注的是工作和生产而非家庭和儒家伦理，但是其规制形式、调控模式及其对规训主体的建构均与传统有共通之处。尽管当前的治理采取了现代化的表达方式，但它们与传统之间仍存在一定的亲和性。

简而言之，治理研究的关注点从直接并严格控制个体的整体制度转向了新型的规则，新型的规则并不直接在个体身上起作用。在治理中，仍然有规训的技术，但是审查、排序和纠正等活动正逐渐由个体化的主体来实施。在这个过程中，个体通过自我管理的技术对自己的身体、智力和情感方面的不足进行评价和修正。对于本研究而言，治理概念的核心价值在于它能够将自我管理技术与治理技术巧妙融合，同时全面审视包括主体形成、经济竞争以及制度性支持缺失在内的多维度治理议题。在治理术视角下，权力并非仅仅是由统治阶级所把持，在日常生活中，权力还可借助各种社会制度、专业知识及技术，形塑着个体的自我意识与行为模式。

（三）主体性

在一般意义上，主体性是指在特定情况和背景下选择和采取行动的能力。主体性建构是一个对自我进行辨识、确认的过程，在与周围的个体和事物的比较中，发现自己的独特之处，同时也发现自己与主要群体之间的共通之处，从而达到对"我是谁"的一种确认。因此，主体性建构的过

---

[1] ［瑞士］菲利普·萨拉森：《福柯》，李红艳译，中国人民大学出版社2010年版，第220页。

[2] ［英］莱姆克等：《马克思与福柯》，陈元等译，华东师范大学出版社2007年版，第8—14页。

程是一个对自我不断认同的过程。① 完整意义上的认同是一个客观因素与主观因素双重建构的结果。

本书将新生代农民工的主体性建构置于四十多年的快速发展背景之下。国家作为社会变迁制度的合法性建构者主导着制度变迁过程，实现对社会及其各个主体的赋能。改革开放以来的一系列制度变迁带来了社会的变革和结构的调整，引发了社会个体和群体快速分化，以国家为主导的"总体性社会"日益消解，一个在国家"之外"和"之下"日益多元、开放的现代社会形态逐步形成，社会领域内个体和群体的自主权意识显著增强，农民获得了更多经济机会、市场拓展、就业机会和教育培训等。新生代农民工主体的建构过程是一个制度与新生代农民工生活嵌套融合的演化过程。② 本研究将影响新生代农民工生产生活的结构性变化视为一种制度赋能过程，制度赋能意味着通过制度设计与实施，为农民工群体提供一系列机制和条件，使他们能够突破原有的不利地位和限制，从而获得更多发展的机遇和更多的权利保障。它与从乡村到城市的社会空间转换、经济生产关系和人际交往关系的变革一起，共同塑造着新生代农民工独特的主体性。新生代农民工的"主体性"包含了农民工在城市务工的日常生活实践中试图嵌入主流社会的诸种行动逻辑，包括对个人目标设定、与朋友的互动、对城市文化和生活习惯的渴求与适应，在城市排斥下的自我调解及自我保护策略。

二 研究思路和研究内容

（一）研究思路

中国式现代化发展是一个"并联式"过程，是工业化、信息化、城镇化、农业现代化的叠加发展，也是实现人的个体化发展和个性化发展的双重现代化过程，③ 本书尝试提出"治理术—个体化"的研究框架，深入

---

① 余晓敏、潘毅：《消费社会与"新生代打工妹"主体性再造》，《社会学研究》2008年第3期。

② 袁方成、王丹：《制度与生活：理解中国式现代化的发展逻辑》，《南京社会科学》2023年第11期。

③ 戴木才：《中国式现代化的基本特质》，《理论导报》2023年第2期。

分析特定的社会设置所具有的个体化意义，以及对新生代农民工群体的影响，进而探究新生代农民工主体建构的机制、方式和路径。

(二) 研究内容

第一章是导论。研究问题的提出，文献回顾及研究主要依据的理论基础，并对研究框架及可能的贡献进行了介绍。

第二章是分析身份制度和用工制度层面的个体化转向。首先以身份证为代表的社会制度个体化带来了以个体为单位的管理方式的改变，国家对农民工的流动从限制走向积极引导和推动，身份证制度在增强个体身体流动的同时，也开启了国家对农民工群体的规范化、科学化和管理手段现代化的管理过程。[1] 在用工制度的个体化中，合同制等雇佣制度导致了工人的原子化及国家对劳资问题治理方式的变革。[2]

第三章是数字化场景下主体的塑造。主要探讨了网络化的主体的塑造过程。国家信息化建设推动了低端信息网络和技术向中下阶层扩散，这不仅促进了信息在不同阶层之间和阶层内部的流动，也使得新生代农民工建立和加强了以自己为中心的跨域网络，同辈网络和在线社区中网络个体主义的兴起，推动青年文化朝着"为自己而活"的方向转变。中低端信息传播技术赋权效应渐现，这给新生代农民工群体的整合带来新的契机。

第四章探讨了主体策略性嵌入：时空体验与风险应对。本章主要从新生代农民工的日常生活实践出发，分析这个群体在个体化的城市社会中，身体、心灵的体验以及他们的适应策略。传统的人际交流网络、中低端信息传播技术成为新生代农民工抗衡城市边缘化地位的"弱武器"，也协助新生代农民工在城市中形成跨域社会网络，共同创造了一个流动与有意义的延展空间。

第五章是制度性再整合：个体化与专业知识的调用。本章分析了在个体化社会中，国家与专业知识权力的结合过程及其影响。国家借助专家系统、专业知识话语和专业服务实践，将"助人自助"运用到具体服务中，

---

[1] 王太元：《论居民身份证的改进》，《公安大学学报》1992 年第 3 期。
[2] 李立文、余冲：《新生代农民工城市融入问题再探——基于个体化的视角》，《南昌航空大学学报》(社会科学版) 2014 年第 1 期。

有效地内化了风险，实现了国家治理人口的目标。专业助人知识正成为国家规避和化解个体化社会风险的重要机制，同时也是国家借助专业知识将该群体进行再整合的制度性尝试。

第六章是研究结论与讨论。新生代农民工"自由"的选择深受国家与制度的影响。为了实现国家的现代化目标和管理人口的目标，国家通过用工制度、积分制等一系列成套的相互补充的制度或机制，成功塑造了有进取心、初具自我治理能力的个体。

三 研究过程和研究方法

（一）研究背景

本书主要选取在广东工作的江西籍贯和湖南籍贯的新生代农民工作为研究对象，主要基于以下两点考虑：其一，江西、湖南都属于中国中部地区，是劳动力输出大省，以 1998 年为例，江西、湖南跨省农村劳动力流动人口数量位居全国前四位。[①] 广东因其与江西接壤的优势以及丰富的就业机会，成为了江西年轻人外出务工的首选目的地。有数据显示，2019 年深圳常住人口中非户籍人口 849.1 万人，江西籍贯的占 13.5%，为 114.63 万人，占江西外出务工人员的 10.85%。广东也是中国改革开放的前沿，其政策具有代表性，农民工问题也较为突出。其二，笔者从 20 世纪 90 年代开始关注农民工问题，研究主题涉及外出流动的动机、流入地的适应、流动儿童的教育等问题。在过去的教学实践中，也积累了一定的研究经验，特别是 2006 年中国社会工作专业迎来了发展的春天，广东成为社会工作专业学生实习实践的主要场域，借助定期督导实习生和回访毕业生的机会，了解社工组织在新生代农民工融入中的作用，并对新生代农民工进行了多次实地观察和访谈，这些都为笔者获得研究资料提供了极大便利。

（二）研究方法

本书的研究对象指的是那些在特定的时期内，以从事非农工作为目的

---

① 根据 1999 年的《中国劳动统计年鉴》资料，1998 年，农村劳动力跨省流动人口规模如下：四川 416.60 万人、安徽 423.69 万人、湖南 308.23 万人、江西 247 万人。

的、从农村地区流向城市地区的1980年后出生的农民工。他们是改革开放后成长起来的，其成长背景、文化、观念、行为与第一代农民工有显著差别，有学者形象地用"七八九"来定义这一代的特征。[①] 在访谈对象选取上，主要以滚雪球的方式选择调查对象。最初几个个案是由亲戚开始，再由他们推荐介绍，然后逐步扩大。访谈的地点主要根据受访者的居住地点或工作场所而定，尽量减少受访者的出行时间。在受访者选择上，考虑了年龄、职业、性别、婚姻状况和孩子等情况。

最终选取了37个个案进行访谈。每个访谈时间持续一个半小时到两个半小时。除了访谈，在参与和观察当地活动的过程中还进行了很多其他形式的谈话。这些活动包括在几家小商店、社区举行的活动和几次相识的访谈对象之间的游玩活动。访谈时间大致分为两个时间段进行：一是新生代农民工外出之时，在他们的打工地或住所进行；二是2011—2021年春节返乡、暑假之时，在访谈者家中、城镇里的茶馆、村中小商店、办酒席等场合对部分访谈对象及其家人、朋友进行开放式的交流。

通过这些方式获得的叙述很多连贯性不大，言辞上也没有经过特别精心的组织。这些叙述和长期的日常观察使我们对他们自身经历、对重要事件的回忆及对某些话题的看法等有了零星的了解。本书分析的材料在很大程度上包括人们愿意告诉的内容、愿意谈论的话题，还包括他们的日常闲聊。透过这些开放式的叙述，不仅可以了解到新生代农民工对自身过往经历的自我解读，还可以理解他们怎样将生活的碎片拼凑起来。[②] 通过比较和分析他们的叙述、长期的观察，甚至有时候参与了他们的家庭生活，笔者能够意识到，在这样一个日益迫使个人作出选择并应对风险的社会中，新生代农民工如何看待自己以及怎样规划自己的未来，对个体及其所在的家庭都有着非常重要的意义，但又很难做出具有长远价值的抉择。不完善

[①] "00后"农民工作为第三代进城务工人员，他们在行为方式、身份建构、生命历程上明显与他们的父辈不同。如未特别指出，本书指的是"七八九"。"00后"农民工的研究参见严飞《"00后"农民工的主体性建构——对一位"00后"外来务工者的个案研究》，《广东社会科学》2022年第3期。

[②] A. Furlong, F. Cartmel, *Young People and Social Change: New Perspectives*, Milton Keynes: Open University Press, 2007, p. 7.

的社会保障制度、农村社会中已经发生剧烈变迁的家庭关系等风险也限制了他们选择的空间，使得他们常常陷于苦闷、困扰甚至无望之中。

（三）资料分析

在每次与研究对象接触后，根据录音或速记补充个案观察和访谈的过程。在资料分析时，一是提出每套个案的梗概，并填入事先编制好的个案记录表中，及时理清楚每次接触发现了什么主要概念、主旨、话题与问题，并思考下次再接触时重点应该放在哪里，需要收集哪些信息等问题，为下一次细致、优质的资料收集打下基础。在这个过程中，特别注意基本概念、问题和话题的捕捉与提炼，将每次细读个案访谈后的想法填在表格中，对资料的初步分析有助于快速提炼关键信息，为后续深入研究提供初步的方向。

二是分析访谈稿，撰写个案访谈的共同特征，初步形成一个更为概念性的架构，然后将该架构应用到另一组访谈的分析中。同时，利用已经形成的摘要、故事作为跨个案检验的工具。当研究的这个个案浮现的理论产生了多重的含义、预期和期待时，就需要有一种"对打"的过程。为此，笔者一方面通过文献研读进一步挖掘个体化和治理的相关研究，另一方面在个案访谈时留意寻找其他事实来反驳或支持本研究的初步结论。

（四）研究的信度和效度

在质性研究中，研究者必须保证资料和结果的真实性及可信度。可信度指的是提供的研究结果和解释的可信程度，为此，本书运用以下方法。

一是三角测量法，即利用不同的途径、方法等获取资料。在进行三角测量时，比较所收集的资料，发现其中的矛盾，并给出合理的解释。本研究不仅访谈新生代农民工，还包括他们的亲属、朋友、服务提供者、准服务工作者（在校大学生）、相关部门负责人等，以保证所收集资料的真实性；在方法上，除了深入访谈，还采用实地观察法来收集资料。

二是参与者检验法。研究人员和被访者一起讨论资料分析过程与框架及其解释和结论，以检验研究人员的理解是否正确，纠正误差和偏差。在完成部分的写作工作后，笔者以面谈、邮件等多种方式将研究结果以通俗易懂的语言跟访谈对象交流，看看他们的反应，听听他们对研究结论的意见。如果误解了他们所做的事或所说的话，笔者就会做出相应的修改。如果对研究结论有不同看法，笔者会尊重他们的意见，并修改研究结论。为了提高研究的可信度，研究者需要多次返回现场，与被研究者们一起讨论研究者对他们经验的理解和解释是否正确，并校正与他们所表达的有偏差的理解。

三是原始资料收集多样化。在研究中，笔者在征得受访者同意的情况下进行录音，并及时整理出来。否则，则采用速记的方法，事后第一时间补记出来。同时，会留意被访者的工作生活场景、被访者的语言习惯和行为特征等，并记录下来。在得出研究的基本判断后，进行追踪调查，对结论进行检验，以保证研究的真实性和可信度。

此外，本书的参考资料还包括政府文件、农民工调控与社会政策、国家及地方相关部门的规划、通知等，以及其他二手资料；国家和地方的统计数据；媒介相关报道，以及博客、贴吧、被访者的微信朋友圈的公开信息等资料。笔者还查阅了针对流入地社会组织为农民工群体策划的服务计划书和服务记录。通过多种形式来源的文献分析，可以相互补充并提供不同的观点和思路，以获得所研究对象的全部图景，同时剔除隐藏在单一文献来源中的偏见、误差和错误。

（五）研究的伦理

在资料收集、整理和分析过程中，遵循了如下伦理原则。

一是自愿参与原则。事先告诉受访者研究计划和内容，得到允许后，再进行访谈。通常在访谈结束后，与有意愿进一步参与者约定下一次访谈的时间、地点。

二是不伤害研究对象的原则。对于可能给研究对象带来心理伤害的问题，在提问时尽量使用委婉的方式。

三是研究对象匿名和保密的原则。在资料使用过程中，使用符号代替研究对象的名字，把能够清楚辨别他们真实身份的描述进行技术处理。对于涉及的政府部门，也尽量进行技术处理。研究者还承诺遵守保密原则，不向他人透露研究对象的任何个人信息。

第四节 创新之处

个体化过程被认为是战后最重要的社会文化发展之一。大多数关于个体化的研究，其中包括贝克、吉登斯和鲍曼在内的著名的社会学家对个体化的趋势做出了理论研判，在心理学、社会学和医学等领域，个体化理论已经得到了广泛的应用和研究，并在一定程度上得到了实证研究的支持。然而，个体化理论也面临一些质疑和挑战，特别是包括理论解释的局限性、实证研究的不足，以及文化和社会背景的差异性等，本书为个体化趋势的研究提供了相关的证据。

一 关注制度作用于个体的方式

制度是指以国家名义制定并支撑国家的各个层级和部门代理人行使其职能的正式制度，[1] 制度的实践是贝克制度性个体化主题的中心。在西欧模式下，个体化理念体现为国家对个体施加尽可能少的约束，力求最大限度维护个体自治与自由。劳动力市场、教育是依据最大化自由的理念来设置的社会制度。尽管贝克很重视制度因素，但对制度作用于个体的过程和方式着墨不多。阎云翔对中国农村主体形成的研究具有开创性，但对于制度如何具体影响个体化过程也未详尽阐述。

实际上，在社会科学中，一直存在着"把国家带回"解释社会变化和政策的呼声，萨米尔·阿明等提倡把制度因素引入经济地理学中。国内学者对国家在整个社会发展和经济建设中的重要作用已进行了有益的探索，如渠敬东等"从总体支配到技术治理""项目制""分税制"等研究，但相对于更多中国社会学的转型研究关注的是社会层面而言，更需加强"找回国家"的研究，以平衡现有中国社会转型研究中"社会中心论"的局面。

改革开放40多年是中国经济社会发展取得举世瞩目成就的40多年，

---

[1] 肖瑛：《从"国家与社会"到"制度与生活"：中国社会变迁研究的视角转换》，《中国社会科学》2014年第9期。

也是社会结构发生巨大变迁的 40 多年。在这期间，国家与社会关系发生很大变化，表现为国家最先以让渡空间的方式增加社会的自主性，社会逐步发育并开始有能力引致国家改变制度和政策，在流动人口问题中凸显了国家和社会的互动。中国追求现代化的过程中，人口发展战略是全面建设社会主义现代化国家所作的具有全局性、长远性、根本性、战略性的重大决策，[①] 改革开放 40 多年来，流动人口政策从"农民要不要流动"到"有序流动"再到"市民化及融合"的过程，与国家现代化的目标追求密切相关，身份证制度、用工制度及劳动市场的管理制度等改革不仅推进着现代化的进程，也塑造着契合现代化发展需要的流动人口。

二 为个体化理论增加新内涵

在欧洲和中国，国家与个体化的关系呈现不同的形态。中国的民主与西方不同，改革开放 40 多年是对社会主义民主政治发展规律不断深刻认识和总结经验的 40 多年，也是不断形成全过程人民民主素质的 40 多年，全过程人民民主需要不断提升全员民主认知、民主意识、民主能力、民主作风、民主素养等民主素质。

中国民主和福利制度不同于欧洲，由于社会、经济、文化和历史过程的巨大差异，在世界各地的不同国家、地区的个体化进程呈现出不同的特征，其采取不同的制度形式，由此引发的社会矛盾和冲突各异，各社会的个体化模式也不尽相同。因此，必须把欧洲以外的国家纳入视野，探讨各种不同的个体化。此外，在个体化研究特别是对中产阶级的研究中，多侧重于个体职业生涯的内在动力和个体选择的解释，而减弱了对那些能显著影响个体职业轨迹的外部力量和结构性因素的探讨。这种研究倾向虽然可深化对个体在职业发展中主体性的认识，但也忽视了对诸如社会经济、政策变革以及社会文化环境等关键外部因素的影响研究。笔者希望通过研究新生代农民工群体个体化过程，展现有别于西欧国家的中国个体化的形态，为个体化理论增加新的内涵。

---

① 陆杰华：《国家治理视域下优化人口发展战略的若干思考》，《人口与经济》2023 年第 1 期。

第二章

中国社会个体化的全面转型

本章主要勾勒社会制度、用工关系层面发生的个体化转向问题。以身份证为代表的社会制度个体化带来了以个体为单位的管理方式的改变,国家对农民工的流动从限制走向积极引导和推动,身份证制度在增强个体身体流动的同时,也意味着国家对农民工群体进行科学管理。

第一节 中国身份识别制度的个体化转向

一 政府推动下的乡—城流动:"看得见的手"

改革开放前,国家通过户籍制度、食物定量配给、城市就业控制等一系列严格的机制使得城乡界限明显。因此,改革开放后国家在这些领域控制的松动对农民工的出现产生了很大影响。

在以往的经验研究中,学者们多关注外来人口聚居区中关系的重要性,特别关注关系网络在农民工城市生存和适应中的作用。例如,项飚和王春光的"浙江村"研究以及刘林平的"平江村"研究。[1]在这些研究中,流动人口外出始于个人或家庭微观层面的理性决策,抑或是一种由市场调节的社会与经济行为。这些研究背后的假设是将国家作为一个总体性

---

[1] 项飚:《跨越边界的社区——北京"浙江村"的生活史》,生活·读书·新知三联书店2000年版;王春光:《社会流动和社会重构——京城"浙江村"研究》,浙江人民出版社1995年版;刘林平:《外来人群体中的关系运用——以深圳"平江村"为个案》,《中国社会科学》2001年第5期。

概念，忽视了流出地政府部门及国有企业在促进流动中的作用。① 实际上，在农民工以非正式方式流动的过程中，也伴随着国家在其中"积极的"联系，因此，农民迁移时依赖、凭借的社会关系网也往往是微观决策与宏观结构共同作用的结果。②

建立并推行劳动预备制度。在全球化竞争的世界中，人口素质对于国家繁荣和富强具有重要意义。福柯主义学者 Nikolas Rose 在其研究中提到，20 世纪初在西方及其殖民地国家推行了一种重要的生命政治策略，即改变人口卫生习惯和提高身体素质，通过提高当前人口生产能力来减轻未来的经济和社会负担。③ 对于中国而言，提高中国农村剩余劳动力的素质以便成功地将其转移到城市，不仅受到国家的高度重视，也成为劳动力输出地政府的重要任务。各地纷纷确定了定点培训机构，加强了对农村剩余劳动力职业培训的指导和建设。1996 年劳动部发布的《关于进行劳动预备制度试点工作的通知》，确定了劳动预备制度的实施载体。1999 年发布的《关于积极推进劳动预备制度加快提高劳动者素质的意见》明确指出，为适应经济和社会发展的需要，针对相当多的劳动者职业技能素质较低的状况，对新生劳动力进行就业前的职业培训和职业教育。2000 年江西省发布了《关于江西省劳动预备制度实施方案》。2011 年江西省发布了《江西省劳动预备制度实施细则》，并明确规定实行就业准入制度，"职业介绍机构、用人单位应当遵守国家和省有关招用技术工种从业人员（就业准入）的规定。农村劳动力流动就业凭有劳动保障部统一标识的《职业培训合格证书》发放流动就业证书"，其费用由实施初期的个人和单位分担发展到由政府全部买单，还进一步对就业单位培训和农村劳动力的流动进行了规范，也对用人单位提出了倡导性的要求。《中国劳动统计年鉴》的数据显示，1990 年全国技工学校数量为 41484 万所，1995 年增加

---

① L. Guang, "The State Connection in China's Rural-Urban Migration", *International Migration Review*, Vol. 39, No. 2, 2005, pp. 354 – 380.

② ［美］苏黛瑞：《在中国城市中争取公民权》，王春光、单丽卿译，浙江人民出版社2009年版，第190页。

③ Nikolas Rose, "The Politics of Life Itself", *Theory Culture & Society*, Vol. 18, No. 6, 2001, pp. 1 – 30.

了 2.1%，2007 年增加了 4.0%。2009 年，国家投入 237.3 亿元进行技工学校培训，受益的农村户籍学生达到 1186474 人。其中，作为劳动力输出大省的江西、湖南分别投入 5.8 亿元、7.4 亿元。近些年，具有农村户籍、加入劳动预备制度的人数呈上升趋势（见表 2-1）。

表 2-1　　全国参加培训的农村劳动力①/农村户口学生情况

（单位：人，%）

	技工学校参加培训人数及占在校生总数的百分比	就业训练中心结业人数及占总培训人口的百分比
2001 年	274718②（49.85）	427164（8.97）
2003 年	499936（25.88）	521829（8.7）
2004 年	649385（27.70）	—
2005 年	760442（27.62）	481611（17.83）
2006 年	1925786（60.00）	3760311（42.27）
2007 年	2523705（68.74）	4308813（46.91）
2008 年	2859461（71.93）	4306801（49.89）
2009 年	3034340（73.25）	4047536（51.75）③
2010 年	3149865（74.82）	3351752（46.18）
2011 年	3073155（71.57）	3216972（—）
2012 年	2982551（70.54）	2894812（38.30）
2013 年	2766680（71.57）	2586998（44.29）
2014 年	2484985（73.31）	2354587（46.87）
2015 年	2343255（72.89）	1866054（43.98）
2016 年	2492114（77.12）	1854025（45.39）
2017 年	2652744（78.44）	1576215（49.59）
2018 年	2682790（78.53）	1301659（49.98）
2019 年	2883121（80.02）	1168790（50.48）
2020 年	3170085（80.15）	1129344（50.56）
2021 年	3401670（79.72）	526754（50.29）

注：2002 年的数据缺失。

资料来源：对应年份的《中国劳动统计年鉴》。

---

① 不含民办职业培训机构或社会力量办学的机构。
② 农村户籍学生，因没有提供结业人数，这里是指参加培训的人数。
③ 总人数是指当年就业人数。

从表 2-1 可以看出，农村劳动力参加技工学校和就业训练中心的人数逐年上升，尤其是 2006 年后，上升比例更大。而大城市对技术工人的需求也较为突出。例如 2004 年，北京鼓励职业学校面向西部地区和外省市对口招生，为北京培养一批高素质的劳动后备人员，为北京补充亟须的中职后备人才，市政府鼓励重点职业学校与西部地区和外省市开展职业教育合作。为了解决生源问题，职业高中也想尽办法，不仅专门起草《致流动儿童少年及家长的一封信》，还计划与部分北京市打工子女学校负责人签订合作协议，向输送生源的学校按每生每学期学费的若干比例提供奖励费。然而，生源不足成为职业院校面临的共同问题，即便是国家级和省部级的重点学校，也面临着生源严重短缺的问题。为了缓解劳务荒和职业学校之间的激烈竞争，同时也为了降低社会不稳定因素，上海市政府从 2008 年开始允许公办职业院校面向农民工子女招生，但由于政策明确限定了这些学生要在制造业、服务业中选择，加之职业院校的教育内容与职业规划常受传统行业需求所限，这在很大程度上限制了学生的个人成长和职业发展的广阔可能性，影响了他们的向上流动。

作为中介的劳动部门。在农村劳动力进入城市过程中，劳动部门扮演了中介的角色。有些政府部门的工作人员亲自跑到农村地区，为自己所在的城市招工，邀请地方政府把当地建筑业的剩余劳动力组织起来，输送到城镇。20 世纪 90 年代早期，东莞有 22% 的外来务工者是通过城市劳动部门与落后地区相关部门之间缔结的合约找到工作的。2001 年秦皇岛市要求加强对劳务输出工作的领导，为此，市政府成立劳务输出工作领导小组，由常务副市长任组长，分管副市长任副组长，成员包括多个政府部门。其中，劳动和社会保障部（现为人力资源和社会保障部）负责对国内劳务输出进行宏观管理、指导基层单位的业务、分析和预测劳务市场进行劳动力资源库建设与信息的收集和发布，还具体服务于相关的劳务组织及返乡者。表 2-2 是行政组织为农村劳动者提供职业介绍的统计情况。

表2-2　　　行政组织给农村劳动者介绍工作情况统计　　（单位：万人）

	劳动保障部门办	县（区）及以上	街道	乡镇	其他组织办	合计
1998年	—	—	—	—	—	5.5224①
2005年	1042.4	747.8	42.8	251.8	64.4	1672.1
2006年	1367.9	1016.8	67.2	282.2	85.8	2015.1
2007年	1551.7	1172.1	79.1	300.5	94.6	2208.2
2008年	958.1	670.9	45.9	241.4	43.3	1331.1
2009年	2699.4	1895.4	1372.9	406.3	113.5	6487.5

注：在2006—2010的《中国劳动统计年鉴》中，开始在"就业与失业"部分统计"职业介绍工作情况"，并从下岗职工、失业人员、农村劳动者和获得职业资格人员四个方面分类统计。2011年后，不再统计"职业介绍工作情况"，改为"各地区公共就业服务工作情况"。

资料来源：对应年份的《中国劳动统计年鉴》。

驻外机构的作用。驻外办事处是各省为了跟地方事务对接而成立的外派机构，主要负责经济发展或发挥经济联络功能，扩大影响。很多劳务大省把劳务输出作为办事处的一项重要任务，一些省政府驻外办事处内设有劳务工作处。例如贵州省政府驻广州办事处为促进本省剩余劳动力的就业，与驻广东的劳动部门和用工单位加强联系，收集用工信息，拓宽本省外出打工者的就业渠道和增加就业机会，2006年共收集150余条有用的信息，提供1.5万次就业机会。② 湘西为推动劳务经济的快速发展，还依托能人、名人、招商机构等就业网点资源，拓展输出渠道，提高外出就业市场规模化和组织化程度。为服务于200万湖南籍贯的青年，湖南省2010年还成立了湖南驻深团工委，目的是通过团工委找到湖南籍贯的外出打工者，使其工作能够辐射到全部在深圳的湖南籍贯的务工青年。借助这些平台，一方面可以加强流出地政府部门对本省青年的服务，比如开展郊游、联谊、相亲，甚至帮助购买火车票和办理身份证等事务，减少他们

---

① 指农村青年就业前培训。
② 《贵州省驻外办事处是劳务输出的助推器》，2007年7月26日，广州市协作办公室网站，http://xzb.gz.gov.cn/xzdt/zsjg/content/post_2573279.html。

在异地生活的阻力；另一方面也能够及时掌握他们的动向。

劳务输出机构的建立。正如劳动力输入地的政府人员从劳动力剩余地区招工一样，为了促进经济发展，劳动力输出地政府也想办法组织劳务输出。国家放松了对跨区域流动劳动力的管制后，各地很快启动了促进劳动力输出的实践。据报道，2010年四川省泸州市与广东美的集团等企业在广州签订了1万多人的劳务输出协议。泸州劳务输出102万人，占农村劳动力资源的42.5%，劳务收入达42.26亿元，农民人均工资收入为961元/月，占农民人均纯收入的38.2%。

江西是劳动力输出大省，根据第四次全国人口普查数据，省际净迁移人口是5.2万人，第五次全国人口普查时则达到了244.5万人。近年来，江西省劳务输出人数逐年增加，劳务输出成效显著。2004年全省跨省劳务输出人数达到502万人，比2000年净增243万人，四年间全省跨省劳务输出人数将近翻了一番，全省跨省劳务收入达300多亿元。例如，江西丰城市将大力发展劳务经济作为主要工作，积极发挥政府的主导作用，以市场为依托，不断拓宽并优化务工渠道。仅2005年5月，该市就组织了500多人到上海、中山等地区的公司就业，先后与上海、浙江等地企业建立了长期劳务协作关系。江西省第一个县级劳动力市场在该市建立后，对该市的劳务经济的发展起了重要的推动作用。2005年，该市建成了市属劳动保障事务所、乡建劳动就业工作站、村配劳动就业信息员的三级劳务输出管理与服务网络，全市近10万人通过职业介绍所加入跨省务工的队伍，有3万多名在外务工人员当起了"小老板"。

二 居民身份证：从非人格化的人到具体的人

中华人民共和国成立之初，中国首先在城市管理中实行新的户籍管理办法。为保证中华人民共和国成立初期治安环境的稳定以及有限资源的高效配置，1958年起国家采取了严格的城市人口管理制度，使之与粮油供给制度、就业制度和社会福利制度等挂钩，城乡二元的户籍管理体制基本形成。户籍不仅管理社会，而且管理着社会中的个人。1958年的《中华人民共和国户口登记条例》第一条说明，"为了维持社会秩序，保护公民的权利和利益，服务于社会主义建设，制定本条例"。户口制度影响着农村人口向城市人口的流动，比如"公民由农村迁往城市，必须持有城市劳动部门的录用证明，学校的录取证明，或者城市户口登记机关的准予迁入的证明，向常住地户口登记机关申请办理迁移手续"。户口制度还详细地规定了迁移的程序，而不同类型的移民需要不同的资质和文件。总体来看，户口制度以国家利益、经济发展（工业化）和公共安全（政治稳定）优先。[1]

20世纪70年代末开启了社会经济体制改革，社会经济越发活跃，人口流动日益频繁。这样，户口制度出现了一些临时居住证等新的类别。公安部在广泛征求社会意见、充分借鉴国外经验、深入调研并充分论证的基础上，将出台统一的身份证明提上议事日程。1984年4月，国务院公布《中华人民共和国居民身份证试行条例》。1984年8月，在北京开始试行居民身份证制度。1985年第六届全国人大常委会通过了《中华人民共和国居民身份证条例》（以下简称《居民身份证条例》），标志着居民身份证制度的确立。1989年，公安部发布《临时身份证管理暂行规定》，三天左右即可拿到临时身份证，这在一定程度上促进了个体的流动。总之，身份证的发行和不断优化，促进了社会成员的流动，改变了个体依附于家庭户口的局面，在一定程度上将个体从家庭整体中脱嵌出来，可以自由地在乡城之间、城城之间进行流动，去异地从事新的工作。

为了推行身份证制度，对当时的一些贫困地区和特殊群体还实行了优惠政策，比如对贫困家庭和部分贫困地区可以免去办理身份证的工本费。《中华人民共和国居民身份证法》（以下简称《居民身份证法》）将个体从共同体中初步解放出来，从法律上成为独立的个体。《居民身份证法》与《居民身份证条例》相比，一个突出的特点是强化了对公民权利的保障。出于权利的考虑，《居民身份证法》还扩大了证件发放范围，十六周岁以下的中国公民可以申领身份证。

简而言之，从1989年9月15日起，在全国范围内实施的居民身份证制度，打破了个人身份依附于户或家庭世袭性的传统，个人的独立人格和

---

[1] K. W. Chan, L. Zhang, "The Hukou System and Rural – Urban Migration in China: Processes and Changes", *The China Quarterly*, Vol. 160, 1999, pp. 818 – 855.

公民权利凸显了出来。个体从"人民""农村人""城市人"等抽象的人口话语中摆脱出来,随着户籍制度改革的完善,强加在户籍制度身上的等级差别将不复存在。2004年1月1日起正式生效的《居民身份证法》,从制度上保障了个体的自由流动,并且进一步确认了个人作为独立的个人的法律地位和政治地位,以及每个公民都享有平等的权利和义务。正如达顿所言,作为一种(治理)技术的身份证制度的扩展会导致个体化。[1]

三 以个体为单位的身份和认同管理

学界一直对国家权力下行程度有不同的争论。古代的国家权力多数只到县级,从县衙门到"每个家门前"的轨道则是由保甲制度完成。到民国时期,国家政权扩张到基层的"区"。而随后,国家政权虽然到达保甲层次,但国家权力严重损耗或改变。在国家构建现代性的过程中,国家权力开始深入社会底层,而现代身份制度是国家权力下行的具体表征。有学者认为,随着工业化与城市化的推进,通过对个体空间轨迹以及交往、交易信息的记录保存,个体的存在变得透明可视。[2]

但更应看到,居民身份证一次领取长期使用、本地领取全国通用,有效证明持证人身份从而极大方便居民的活动和交往,体现了立法者以人为本、构建和谐社会的立法思想,以及维护公平正义、保障自由的价值理念。按照中央关于全面深化公安改革的决策部署,2017年,公安部还部署各地公安机关在已建成覆盖全国人口相关资源库的基础上拓展应用,建成居民身份证异地受理、挂失申报、丢失招领信息系统,各地户籍派出所和户政办证大厅直接接入系统,居民可以利用App自助申领电子身份证。一些地方居民通过电子身份证可以享受更为便利的"一网通办",身份证还与数据网络连接,以及无线射频识别技术(RFID)的使用,既满足了居民对身份证服务管理工作的新期待、新要求,也降低了认证的错误,为个体管理提供了更大的便利。居民身份证的普遍颁发、广泛使用,如实核

---

[1] [澳]迈克尔·R.达顿:《中国的规制与惩罚——从父权本位到人民本位》,郝方昉、崔洁译,清华大学出版社2009年版,第353页。

[2] 陈阿江:《从熟悉社会到透明世界——监视视角下的社会类型演变》,《江海学刊》2022年第2期。

对、记载严密管理公民身份，支撑着社会管理与各项服务，也可以有力防止个人身份项目的错乱模糊和随意非法变动，体现了国家对公民身份的依法管理，是人口治理现代化的重要一步。[①]

结语

从个体化视角来看，身份证制度是一种脱离性的社会制度，它在新的城乡社会秩序的建构中发挥了重要的功能，通过社会的结构性流动，打破了社会结构性不平等和社会结构分割对峙的局面，促使农村个体从身份、阶级、性别等结构中解放出来，实现了一种赋权的功能，帮助农村居民去城市空间争取自己的社会权利，身份证制度的实施成为中国社会个体化的重要事件。

第二节　中国用工制度的个体化转向

贝克用雇佣关系来指本书中的劳动关系，以雇佣关系为基本关系的劳动力市场成为个体化的"马达"。教育给人以向上的可选择的预期，正规教育为个体提供了资格证书，使个体拿到了进入劳动力市场的入场券，从而获得个体化的职业机会。通过职业流动、雇佣关系及居住地等变化，劳动力市场成为人们生活的动力源。在贝克看来，在个体化社会中，个体的劳动关系完全由劳动力市场所决定，资本需求、个人能力等力量决定着个体的就业状况。本书借用法律的术语"劳动契约"来反映劳动者与雇主之间关于劳动力的交换事项所达成的一系列协议，协议的达成可以通过个别劳动合同、集体谈判，也可以通过国家劳动立法或司法判例形成。劳动契约包括法律上劳动的正式契约（如劳动合同、劳务合同、雇佣合同），也包括非正式合约、隐性契约。[②] 因此，这一含义包括了正式和非正式、隐性和显性的劳动契约，更能反映出中国现代劳动关系复杂的现状。国家

[①] 王太元：《中国户政制度的演进与改革（三）：居民身份证制度及其实施》，《人口与计划生育》2004年第4期。

[②] 罗小芳：《转型时期的中国劳动契约》，社会科学文献出版社2011年版，第22页。

在劳动关系变化方面起到什么样的作用？帕森斯在提出现代化社会的普遍模式时指出，以个体化的雇佣契约和职业为基础建立起来的一种工业生产系统是社会变迁的关键。中国的劳动合同制度是用工制度中的一项重大制度安排，在推动统包统配下的固定工制度向劳动合同制转变的同时，也推动了劳动关系的契约转向。本部分讨论的是灵活的劳动关系的形成过程、劳动合同制的性质及实行这种制度的个体化意义和后果。

一 灵活的劳动关系形成：雇员社会的来临

（一）1978—1993 年：劳动者从身份到契约的推进

这段时间，中国实行的是统包统配下的企业固定工制度。对于城镇劳动力而言，由国家统一分配到全民所有制单位，除特殊情况外，个体会在同一个单位内完成其整个职业生涯。在这种计划经济体制下，城市工人依附于工作单位，劳动力的流动不频繁，一种终身制度的、隐性的牢固关系在劳动者与国家之间形成，这种劳动关系的建立显而易见并非完全以经济合理性为基础，而是出于政治理性和发展理性的考虑。[1] 为了顺利实现从计划经济向社会主义市场经济的转变，加快现代化建设尤其是经济现代化建设的步伐，在经济领域建立以市场为主导的机制，用市场来调配劳动力、土地等市场资源，激发企业提高生产效率和扩大产出，更好地融入市场大潮中。构建市场化的劳动关系，促使劳动力市场化（商品化），这不仅可以充分激发劳动力的积极性和创造性，国家、用工单位和劳动者个人之间利益联合的局面被打破，还使得国家与劳动者的关系发生了重要变化。20 世纪 80 年代，中国开始启动劳动用工制度的市场化改革进程，提出要改变就业观念，鼓励劳动者自己寻找工作，组织协助求职和政府推荐工作等多种渠道，劳动用工与就业的多种渠道被打开，劳动者就业的主体地位初步确立。1983 年，劳动人事部发布了《关于积极试行劳动合同制的通知》。1986 年，《国务院关于发布改革劳动制度四个规定的通知》中对国营企业的劳动制度改革进行了部署。在这个通知中，除了废除固定工，实行统一劳动合同制，在用工形式上，采取了长期工、短期工和定期

---

[1] 李新春：《转型时期的混合式契约制度与多重交易成本》，《学术研究》2000 年第 4 期。

轮换工等灵活的用工方式，并规定招收1年以内的临时工、季节工也要签订劳动合同，但此时，招工计划还是由劳动行政主管部门负责审批、管理、监督和检查，而招工范围仍局限在城镇内。1992年劳动部发布《关于扩大试行全员劳动合同制的通知》，劳动合同制度的改革从试点向全国推广，招用的工人也要执行劳动合同制度在国家机关、事业单位、社会团体和企业里普遍执行。

在全球化时代，随着科技的迅猛发展，以及新业态用工形式的不断出现，增强劳动力市场安全灵活性成为公认的提高一个国家经济竞争力的重要手段。从20世纪80年代开始，中国政府逐渐推进社会保障制度改革，1985年，社会养老保险基金实行企业退休统筹，社会保障不断完善，劳动力市场的安全性显著提高。有研究指出，今后应当依托"制度协同"，充分发挥影响中国劳动力市场灵活性的法律规制的系统化分工和配合功能与作用，继续精准地增强劳动力市场灵活性。[①]

（二）1994—2001年：劳动者个体层面的赋权

1993年11月，党的十四届三中全会正式提出了"培育和发展劳动力市场"。从1994年开始，中国的劳动关系政策发生重大转向，在继续推动劳动关系市场化的同时，开始关注劳动者权益的保护。这一阶段以1994年《中华人民共和国劳动法》（以下简称《劳动法》）等法律法规的颁布为标志。《劳动法》第一条明确规定了该部法律的宗旨，即"为了保护劳动者的合法权益，调整劳动关系，建立和维护适应社会主义市场经济的劳动制度，促进经济发展和社会进步"。此条明确规定《劳动法》实施的是对劳动者权益进行"单方面保护"。《国务院关于职工工作时间的规定》《中华人民共和国矿山安全法》《中华人民共和国矿山安全法实施条例》《中华人民共和国职业病防治法》《未成年工特殊保护规定》等一系列法律法规的颁布，对工资、工时、劳动安全与卫生，以及对特殊职业和特殊群体等方面的劳动者个体权益进行了具体规定与保护。

劳动合同制度取得重大进展。1994年劳动部发布了《关于全面实行

---

① 王昭：《增强我国劳动力市场灵活性之社会法学分析》，《河南财经政法大学学报》2022年第4期。

劳动合同制的通知》，明确规定了要在企业实行全员劳动合同制度。在此基础上，劳动部又发布了《关于贯彻执行中华人民共和国〈劳动法〉若干问题的意见》（1995年）和《关于实行劳动合同制度若干问题的通知》（1996年），对企业的临时工等特殊人员签订劳动合同的问题做了具体规定。这些文件的颁布促进了劳动合同制度的发展，个体进一步被推入市场之中。

（三）2002年至今：对个体化的限制，集体赋权渐现

劳动关系的市场化、契约化并没有完全带来劳动权益保护，反而，劳动力权益受损的新闻经常被媒体报道。因此，这一阶段的劳动关系政策所要解决的核心问题是个体和集体劳动者的权益保护问题。

国家对劳动者个体权益的保护政策，包括劳动关系法律法规的颁布和对农民工权益的保护。2002年至今，国家陆续就劳动关系颁布了一系列的法律法规，其法律法规的数量和涉及范围在1978年之后实属罕见。这些法律法规以及相关政策明确规定劳动者在工作待遇、工作时间、劳动合同、职业安全以及教育培训等多方面的权利。《中华人民共和国安全生产法》、《中华人民共和国就业促进法》、《中华人民共和国劳动合同法》（以下简称《劳动合同法》）、《中华人民共和国劳动争议调解仲裁法》、《中华人民共和国社会保险法》（以下简称《社会保险法》）等法律也陆续出台，同时还颁布了《最低工资规定》《工伤保险条例》《劳动保障监察条例》《安全生产许可条例》《劳动合同法实施条例》《劳动争议调解仲裁法实施条例》等法规。特别是2008年《劳动合同法》实施后，在国内各界引起强烈反响，《劳动合同法》从保护劳动者权益立场出发，惠及大多数人，有人称"一个劳资关系的契约时代终于开启了"。有些公司认为有了新法的参照，以及新法对劳动权益的过度保护损害了用人单位的利益，认为新法是缺陷的。经济学、法学界还展开了大辩论。虽然有争议，但共同点都是关注劳动契约。《劳动合同法》的实施也引发了各类专业人士以各种方式对农民工进行维权指引。除此之外，从2003年开始，针对企业拖欠农民工工资问题的严重现象，国务院和各部委颁发了一系列文件，如《关于切实解决建设领域拖欠工程款问题的通知》《关于建立解决拖欠工程款和拖欠农民工工资问题情况报告制度的通知》《关于切实解决

建筑业企业拖欠农民工工资问题的通知》《关于进一步解决拖欠农民工工资问题的紧急通知》《建设领域农民工工资支付管理暂行办法》。通过这些密集发布的文件，国家来保障农民工在就业、技能培训以及劳动安全与卫生等方面的权益。

　　针对近年来频发的劳资矛盾和冲突，国家部委开始加大对集体劳动权益的保护。例如2010年，人力资源和社会保障部联合全国总工会、中国企业联合会以及中国企业家协会一起发布了《关于深入推进集体合同制度实施彩虹计划的通知》，要求全面大力推行集体合同制度。2010年全国总工会还提出了"两个普遍"，并于2011年下发了《中华全国总工会2011—2013年深入推进工资集体协商工作规划》。2004年劳动部发布的《集体合同规定》要求，用人单位要与本单位职工进行集体协商来确定工资、工作时间、职业安全、教育培训、职工福利等相关问题，并签订集体合同。这些关涉集体协商与集体合同的政策，从法律层面赋予了农民工集体劳动的权益，建立了相关的集体组织。不难发现，这些法律、政策或制度层面都存在着自上而下的对农民工"赋权"的路径依赖，也就是从法律文本和制度建设上对农民工的某些合法权利予以确认。这在一定程度上改变了农民工的弱势地位，缩小了与市民的差距。但上层政策在地方政府执行过程中遭遇了变通执行，地方政府服从于地方经济增长的目标和政治稳定的需要。郑广怀等的研究指出，虽然农民工获得了法律意义上的平等权，但是其权利的落实依靠的是地方政府、资方和工人三方的协商，最后多数又以工人的让步而结束。[①] 另外，还出现了有权无能（赋权未赋能）等怪象。

　　为了建立符合社会主义市场经济体制要求的劳动关系规范体系，同时也要实现维护社会稳定和促进经济发展的目标，中国劳动用工制度发生了巨大变化，已由计划经济时代的"固定工"演变为市场导向的"合同工"，大批农民工来到东部沿海地区打工。随着外资的引进、户籍制度的放松，劳动用工关系开始摆脱传统社会范畴（如国家、集体）的约束，

---

① 郑广怀：《劳工权益与安抚型国家——以珠江三角洲农民工为例》，《开放时代》2010年第5期。

政府、企业和个人在新的合约关系中重新定位,个人与用人单位的关系形态从隐含式的长期契约关系向法律上可强制实施的合同关系转变。劳动合同签订后,用工关系合法化,雇主和雇员的权益都会受到法律的保护。《劳动合同法》的出台主要是考虑让企业适应市场化的劳动关系,使劳资双方的关系稳定下来。在大多数农民工就业的劳动力市场上,受到全球资本和经济因素的影响,劳资双方关系的流动性增加,无论是企业还是农民工,他们的自由性、灵活性、短期化和不稳定性都增加了。劳动者与国家、组织的关系也随之发生了很大变化,一个灵活的劳动力市场已经形成,它正改变着劳动关系,如雇佣、流动、工作环境、劳动者质量、劳动成本等。用法律的契约关系替代过去的中央计划和指令安排,国家对该群体的治理从身份治理向契约治理转变,[1] 市场和管制并行的同时,也开启了劳动关系的个体化进程。

二 劳动合作短期化

尽管理论界对长期雇佣关系的重要性达成了共识,但实际上在劳动力市场上出现了劳动合约短期化的趋势,比如沿海地区劳动力的短缺都与合约短期化相关。特定工人和企业匹配的劳动生产率是不断变化的,并且事先不容易观察,而灵活性的劳动合约关系符合这一不确定性。其灵活性体现在很多方面,如劳动合约中对劳资双方的权利和义务的规定可以依据双方商定,内容不统一。在劳动合约存续期间也可以分为定期和不定期的、短期和长期的,双方可以根据实际情况作出灵活处理,以双方自愿为原则进行合约的订立、变更和解除。劳动合约为那些需要便捷、灵活的劳动关系的人或用人单位提供了便利,因此,劳动合约的灵活性实际上是一种弹性。在短期化的劳动合约趋势下,也意味着企业如果对内部的劳动者不满意或结构不合理,随时都可以在外部的劳动力市场上"购买"自己发展所需的人力资源,而雇主和雇员都基于自身利益考虑,双方对于仅仅适用于特定企业或岗位的知识和技能投资的兴趣不高,以免

---

[1] [英]卡尔·波兰尼:《大转型:我们时代的政治与经济起源》,冯钢、刘阳译,浙江人民出版社2007年版,第18页。

自身丧失主动权。特别是对于农民工而言,这种合约关系变成了短期行为,增加了他们在城市生存和发展的不确定性,稳定的就业和生活设想被打破。在一个雇佣企业里,对于雇员而言,企业不再是可以寄放自己的权利的正确场所,对于任何一个理性的人,都不会准备在一家公司里耗尽他的全部劳动寿命。

全国总工会对新生代农民工的调查显示,新生代农民工职业流动频率是老一代的近6倍。清华大学社会学系课题组的调查结果显示,当前中国农民工就业普遍出现"短工化"的趋势,即工作持续时间短、工作变换频繁,这又具体体现为"高流动"和"水平化"两个方面,农民工第一份工作持续时间、上一份工作持续时间以及每份工作的平均持续时间大约为2年。① 由于不稳定性和缺乏特殊的合约性安排,他们不愿意积累和投资于自身的专用性人力资本,而凭借技术和能力进行个体化加薪也不太可能。企业也不愿开发已有的人力资源,对急需人才严重依赖于外部劳动力市场,这促进了劳动力短期合约的盛行。

以数字平台为基础的新经济、新业态迅猛发展,劳动关系政策调整中需要平衡经济的可持续性发展、企业的竞争力与社会公平和保障职工权益的关系。随着中国劳动关系的市场化程度加深,中国劳动关系正在从个别劳动关系转向一个集体劳动关系协调的新时代。

三 原子化主体的出现

劳动关系是社会经济中的基本关系,劳动关系和谐是社会和谐的基本要素和核心内容之一。和谐劳动关系很难在管理者与劳动者双向自发形成,很难在自由发展的互动中自动实现。在中国转型时期的发展阶段,政府在劳动关系博弈中发挥着重要作用。政府作为博弈局中人,在不同历史阶段,博弈目标、战略选择上会有很大的不同。在改革开放的初期,政商关系中的"政"和"商"是紧密联系在一起的共同体。② 各级地方政府

---

① 清华大学社会学系课题组:《"短工化":农民工就业趋势研究》,《清华社会学评论》2013年第4辑。

② 周黎安:《"官场+市场"与中国增长故事》,《社会》2018年第2期。

是所在地区经济发展的重要责任人和推动者,为了促进经济的快速发展,政府的决策目标非常明确,就是不断加大招商引资的力度,出台招商引资的各类产业政策和创新政策,对企业发展提供行政性支持,努力为企业的发展保驾护航。① 例如有些地方对私营资本采取相对宽松的政策,致使私营企业劳动标准执行不规范,存在侵犯劳动者权益的现象。2011 年,全国人大再次检查《劳动合同法》实施情况,发现上述问题仍然普遍存在。政府特别注重维护农民工权益,通过法律、法规和相关政策推进劳动关系的法治化进程,推动建立农民工工作的协调机制,赋予个体劳权(保障其生存权),而对劳动者集体劳权的限制则保证了企业用工的灵活性,可以使企业适应市场变化和降低人力成本。这导致劳动者在市场中出现了个体化现象,平衡保护劳动者权益和企业用工灵活性之间的关系是一个复杂问题。在经济困难时期,劳动保障监察的工作思路由突出维护劳动者权益,向维护劳动者权益和促进企业发展并重、维护劳动者基本权益和长远利益并重转变,劳资双方互谅互让共渡难关,如工会在企业和职工中广泛开展"共同约定行动",力保岗位不减、工资收入不降,工人理解和支持企业临时性采取的灵活用工等措施。② 这样既可以促进企业的稳定和发展,同时也保障劳动者的权益和利益。

　　劳动力的市场化也带来了劳资关系的不稳定。在实际管理中,资方为避免农民工的社会连接,在工人进厂时就通过工作班次及住宿安排等方式将原来的社会关系尽量打散,催生了农民工的原子化。原子化的客观现实,使其逐渐丧失了工人阶级的联合意识、团结意识和社会意识,陷入了狭隘的个体主义情绪之中。正如恩格斯所说:"每一个人的这种孤僻、这种目光短浅的利己主义是我们现代社会的基本的和普通的原则……人类分散成各个分子,每一个分子都有自己的特殊生活原则,都有自己的特殊目的,这种一盘散沙的世界在这里是发展到顶点了。"③

　　在劳动力密集的企业中,劳动任务往往是分割的,农民工只要经过简

---

① 陈丽玲、田志龙:《中国情境下政商关系研究的现状与展望》,《软科学》2022 年第 4 期。
② 郭庆松:《论劳动关系博弈中的政府角色》,《中国行政管理》2009 年第 7 期。
③ 《马克思恩格斯全集》第二卷,人民出版社 1957 年版,第 304 页。

单的上岗培训，就能掌握通用技术，"轻快、灵活"也是他们能够被劳动力市场广泛接纳的原因，很多农民工知道，他们是很容易被替代的。

> MY 在深圳一家电子厂打工，见到她是在她租住的房子里。她认为工厂的宿舍条件简陋，不允许外面的男生进，所以不方便，像她这种在外租住的人还挺多，大家都分散着租房，没什么联系。谈到她的工作，她说这个工作很容易做的，谁都会做，只要身体健康，不是傻子都可以做（坐在他旁边的男朋友补充说，厂里很缺人，只要是个人，不是傻子，人家就要）。"新工作的话，厂子里都会有上岗培训的，培训下就会了，很简单。但厂里培训都是岗位上的，真正要学点本事，比如说要自己独立干的话，靠厂里培训的这些东西远远不够，就得自己长点心眼，去学了。我也不想当什么组长，要协调各种关系，比较麻烦、费心，因为工作的事情得罪人不值得。这里的组长也不是因为他技能高就做的，很多人不愿意当，因为是得罪人的活儿。你说了，人家不高兴，虽然没交情，但因为工作，不值得得罪人吧。不说呢，老板说你工作不尽职，所以也很容易换，就像这里的工人一样换得频繁，留下来的管理者都是与老板有着亲戚或其他关系的人。"（C03 - MY）

因为平时同事之间流动性较大，因此没必要与同事保持持久的联系，也谈不上对工作单位及工作的感情和承诺。新生代农民工把自己的生活目标寄托在模糊的规划上，因此，劳动组织治理结构低级化，在治理结构上形成了"企业内部市场"为主的低级交易治理结构。

尽管劳动部鼓励雇佣双方签订长期的劳动合同，并鼓励遵照有关法律要求，双方签订书面合同，但是劳动合同制度并没有效地阻止劳动关系的短期化、非正式化趋势。劳动密集型企业特别是外资企业多采用短期合同来招收工人，重新签订一年期以上的合同需要在双方自愿的基础上。这种做法使得公司长时间地拥有较低的劳动成本，在试用期内，年轻的农民工从学校毕业后直接进入工厂作为实习工人，其工资待遇、劳动保障与签订劳动合同的差别很大，企业会根据工人的表现决定是否给予工作保障和是否签订劳动合同。试用期的做法使得很多外资企业可以较低的劳动成本，对青年工人进行循环使用。

总之，劳动合同制度实际上造就了一种强调灵活性而非稳定性、强调个体而非集体的劳动关系制度。这与政府的初衷以及那些相信劳动合同能增加就业和长期劳动关系的观念大相径庭。通过个体化的劳动合约，农民工被原子化了，这与工会的弱势地位有密切关系。魏昂德（Andrew G. Walder）认为，社会主义制度下中国企业的就业保障和福利主要是受确保终身就业和福利的单位制的保护，而非通过任何的工人集体组织的权力。[1] 劳动合同制以及单位制衰落后，农民工的劳动处于一种不安全、不稳定的境况。尽管劳动部门的初衷是要增加受雇者的安全感和帮助用人单位与个体建立长期的劳动关系，但实际上，劳动合同制度的实施产生了一个新的雇佣关系的制度，该制度强调灵活性比稳定性更重要。在一些非正规的企业中，甚至都没有使用正式的劳动合同，个体化的劳动合同制度和对劳动灵活性的重视加大了工人原子化的风险。

四 以个体为基础的赋权政策

在市场转型时期，劳动关系的市场化与劳工权益保护是中国劳动关系政策所要解决的两大核心问题。进入21世纪以来，劳工权益保护问题开始受到重视，从制度和措施层面上给农民工赋权是国家干预劳工权益保护的重要途径，从而给予农民工平等的权利和获得某种权利的"资格"。由全国人大、国务院、各部委、总工会所签发的主要文件，基本反映了十年来农民工权益保护的赋权路径。2003—2005年，农民工权益保护的重心是工资拖欠与就业歧视；2005—2006年，则主要是工伤保险和技能培训；2008年是劳动合同签订；2010年以来重点转向如何提高农民工工资水平，使农民工收入与经济增长同步。从整体来看，这些年来国家对该群体权益的保护与承诺是以个体的权益特别是个体的劳动权益的保护为基础的，从顶层制度设计层面来看，国家和地方政府对集体权益的保护还

---

[1] Andrew G. Walder, *Communist Neo-traditionalism: Work and Authority in Chinese Industry*, Berkeley: Univerty of California Press, 1986, pp. 123 – 198.

存在较大的缺陷与不足。

国家是一个具有特定目标的行为主体，它从自身的理性出发，协调各种利益矛盾和冲突。政府通过主导劳工政策，展现出国家具有对不同群体的协调能力，① 通过对农民工个体层面赋予权力，基本上保障其生存权与个体劳动权，维持和谐的社会关系与社会秩序。但是个体赋权同时存在诸多局限性，比如权利赋予只对农民工个体的生存权做了保护，而对其劳动力的再生产和家庭问题则没有保护。郑广怀认为，农民工在法律意义上具备了平等资格，并不意味着他们具备了维护自身权益的能力、条件和机会。地方权力以及企业总是想方设法将国家制定的劳动法规进行打折，也就是说，制度文本与制度运作实践发生严重脱离，赋权的目标演变成为剥权的结果。② 现行法律法规和政策文本的具体规定发挥着"市场参考价"或者"最高限价"的作用，最后成交的价格有赖于地方政府、厂方和工人的讨价还价，通常以工人让步而"成交"。

法律意义上抽象的赋权虽然是劳动关系的一个重大变化，但地方政府的一些具体要求和工人对合理的行动策略的缺乏都增大了工人维权的成本。③ 这种不完善的制度设置只能最低限度地保护农民工的生存权，既无法从根本上有效提高该群体自我维权的能力，更无法改变这个群体在市场和社会中的弱势地位。

五　集体协商关系的转向

被原子化了的个人对权益尤其是劳动权益的诉求以及由此引发的冲突问题是国家着力应对的问题。事实上，为了应对这种矛盾，中国的劳动关系正发生转变，即发生着由个别劳动关系向集体劳动关系的转化。④ 这种转变是国家通过工会组织应对和化解个体化带来的风险的一种尝试。

---

① 佟新：《国有工业企业简单控制型的劳动关系分析》，《开放时代》2008 年第 5 期。
② 郑广怀：《伤残农民工：无法被赋权的群体》，《社会学研究》2005 年第 3 期。
③ 郑广怀：《伤残农民工：无法被赋权的群体》，《社会学研究》2005 年第 3 期。
④ 常凯：《劳动关系的集体化转型与政府劳工政策的完善》，《中国社会科学》2013 年第 6 期。

在这个过程中，工会为推动职工权益的维护和劳动关系的调整，开展了依法维权、组建工会、推行集体协商、组成蹲点工作组、派出蹲点干部、新建职工书屋等活动。2010年，中华全国总工会发布了《关于进一步加强企业工会工作充分发挥企业工会作用的决定》。该文件建议工会要在《劳动法》、《中华人民共和国工会法》（以下简称《工会法》）和《劳动合同法》等法律框架下有效地开展行动，工作重心是在组建用工单位的工会和推进集体协商两个方面。党的十八大以来，全总及各级工会勇于担当作为、坚持守正创新，各项工作都取得重要进展和新成效。目前，全国有280多万个基层工会组织，近3亿会员。《中国统计年鉴（2022）》显示，全国建立基层工会数量达221.4万个。工会还组织开展了劳动竞赛、劳动技能大赛等活动，参与人次稳步上升，吸纳农民工入会的工作取得了显著的成效，农民工会员从2013年的1.08亿人增加到2017年的1.4亿人。自2008年以来，工会对工人提出的合理化建议被实施的比例从2008年的53%上升到2022年的74%，集体劳动争议在所有劳动争议受理中的比重和调解成功的概率逐渐上升，特别是2015年以后，调解成功率保持在20%以上（见表2-3）。但总体来看，集体劳动争议的数量较少也反映了目前集体劳动合同签订不多，而个体劳动合同已经在劳动关系中占据了主体地位，通过工会参与来解决集体劳动争议问题作用有限。

表2-3　全国基层工会开展活动和参与集体争议解决情况　（单位：个,%）

年份	职工提出的合理化建议总数	已经实施的合理化建议数	实施比例	参加劳动竞赛活动人次	集体劳动争议案件受理比	集体劳动争议调解成功比
2004	7457298	2061884	27.6	54471583	—	—
2007	6819782	296289	4.3	30711726	2.87	6.43
2008	7276186	3896120	53.55	13961214	1.68	4.56
2009	7197930	3128322	43.5	5754560	1.80	44.29
2010	8093387	3970355	49.1	54471583	2.20	6.43

续表

年份	职工提出的合理化建议总数	已经实施的合理化建议数	实施比例	参加劳动竞赛活动人次	集体劳动争议案件受理比	集体劳动争议调解成功比
2012	9785556	5124616	52.37	73255501	1.80	4.43
2013	11397683	6127925	5.38	78613456	9.00	11.67
2014	12635933	7170821	56.75	87682088	8.02	11.39
2015	12363265	7002744	56.64	101719911	13.33	20.41
2016	10856053	6324892	58.26	92855562	22.56	25.15
2017	10913451	6456654	59.16	96833883	16.93	19.11
2018	9542491	5952084	62.37	86313406	13.94	22.24
2019	8234042	5431317	65.96	77830353	12.88	20.45
2020	8828015	5898011	66.81	63471157	—	—
2021	7850501	5642039	71.87	54133558	—	—
2022	7579836	5621541	74.16	48398953	—	—

注：2011年、2002—2022年的《中国劳动统计年鉴》未单列集体劳动争议的数据。

资料来源：对应年份的《中国劳动统计年鉴》。

这些数据虽然不只是针对农民工，但大体上可以说明，中国工会在解决满足劳动者合理需求、集体劳动关系的构建和劳动者合法权益的维护等方面的工作取得了一定的进展，企业重视吸纳职工的合理化建议，集体调解成功案例稳步上升。

实际上，中国劳动关系无论是以个体化权利为基础的劳动关系转变还是向集体协商关系形式的转变，主要是政府自上而下赋权的产物。这两种转变的区别在于：在前一个转变中，农民工大体上是被动的，是被置于制度上的有权群体；在后一个转变中，特别是自2010年以来发生的劳动关系的集体化转向，是由政府和劳动者共同在全球化资本的推动下进行的。根据《工会法》和《中国工会章程》，工会要坚持中国特色社会主义工会的群众组织特性，当好党联系职工群众的桥梁和纽带。为此就必须坚持以职工群众为中心，牢记联系和服务职工群众是工作的生命线，坚持维护职工合法权益,竭诚服务职工群众,形成联系服务职工群众的长效机制。工会要敦促企业提升职工的工资和雇佣条件,例如敦促企业用较大投入解决员工宿舍、职工福利、职工文化娱乐场所和支持工会开展适合职工需要的各种文体活动等。① 但这种自上而下推动的组建工会和集体协商,出现了形式化问题。在部分企业中甚至出现了工会由雇主主导的"挂牌工会",有的甚至成为"老板工会"。这部分人在协调劳资关系时,自然会代表这些企业的利益说话。虽然《劳动合同法》已确认了集体协商谈判制度,但一些企业工会缺乏为劳动者维权的能力或动力,所以在集体协商工作中,工会不会谈、不愿谈、不敢谈和谈不成。在一些地方,这种集体合同签订变为一种行政行为,甚至是政绩工程,集体合同签订中普遍存在重政绩、轻实绩,重形式、轻内容,重数量、轻质量问题。集体协商和集体合同效力微弱,如在一些国企或合资大企业中多存在着集体合同,但对于依法解决劳动冲突问题而言,集体合同的影响力甚微。② 而在法律的约束作用有限的情况下,在以非正规劳动为基础的企业中更难建立起以集体谈判为基础的和谐劳动关系。为此,党和政府对劳方及其代表也采取了一系列的调控措施来预防和化解劳资纠纷。其中,最有力度的调控是在私营企业里建立由党领导的工会,并要求工会共谋企业发展。③ 这种温和的逐渐深入的方法产生的累积作用,已使私营企业劳动关系的处理方式发生了根本性变化。

中国社会的转变是社会主义市场经济制度化的必然产物,劳动关系的法治化和新的社会政策的实施发生在这个体制转向期间。自20世纪80年代以来,为适应社会经济体制改革的需要,中国的劳动用工制度发生了重要的变化,劳动关系出现了个体化的转向。这主要是由两个因素引起:一是在计划经济向社会主义市场经济转型的过程中,法律和制

---

① 中国劳动关系学院劳动关系与工会研究院课题组等:《加强引领、破解瓶颈,推动非公企业工会工作亮起来》,《中国工运》2021年第7期。
② [美]玛丽·E.加拉格尔:《全球化与中国劳工政治》,郁建兴、肖扬东译,浙江人民出版社2010年版,第36页。
③ 游正林:《对中国劳动关系转型的另一种解读——与常凯教授商榷》,《中国社会科学》2014年第3期。

度正成为保护财产权利、实行合同和组织新的市场结构的新框架,随着国家权力已实现了从总体性支配向技术治理的转变,国家治理劳动关系的技术随之发生了很大的转变,劳资双方行为被法治化和契约化;① 二是在经济发展优先的话语下,一些地方政府和企业为了规避现有户籍制度对企业劳动力使用的限制,与回应全球化带来的产业结构调整和企业激烈竞争,雇佣不需要解决其福利问题的农民工来增加其用工的灵活性,提高企业的生产效率,有技术的、急需的个人劳动者可以通过协商等方式直接与雇主签订劳动合同,大多数劳动者都以个人为单位与雇主签订了不同期限的劳动合约。

随着社会主义市场经济的进一步发展,劳动力市场供求关系的逆转带来工人市场谈判能力的增强,新生代农民工群体在工厂体制中迅速崛起,要求改善工作条件和提高工资的集体行动能力也在不断增强。这些正在不断拓展着现存劳动关系制度的边界,企业工会和行业协会正在发挥作用,通过劳资博弈化解利益矛盾的规则逐步树立。② 新时代的工会要全面贯彻和融入习近平新时代中国特色社会主义思想与习近平总书记关于工人阶级和工会工作的重要论述,强化工会的政治性、先进性和群众性,③ 才能增强中国特色社会主义工会组织对新生代农民工的吸引力、影响力。

第三节 中国农村社会心理的个体化转向

智利学者萨拉扎·班迪说:"落后和不发达,不仅仅是一堆能勾勒出社会经济图画的统计指数,也是一种心理状态。"④ 1978 年党的十一届三

---

① 吴清军:《集体协商与"国家主导"下的劳动关系治理——指标管理的策略与实践》,《社会学研究》2012 年第 3 期。
② 闻效仪:《改革开放四十年之集体协商与集体合同研究:历史演进、制度执行与类型化趋势》,《中国人力资源开发》2018 年第 10 期。
③ 戴文宪:《对中国特色社会主义工会产生、性质、特征的再认识》,《北京市工会干部学院学报》2022 年第 2 期。
④ 转引自[美]阿历克斯·英格尔斯《人的现代化》,殷陆君译,四川人民出版社 1985 年版,第 3 页。

中全会实现了伟大的历史转折,开启了改革开放和社会主义现代化建设新时期,特别是1978年开始在中国农村实行家庭联产承包责任制,将土地的经营权授予农民的收入与生产经营的成果相结合,促使农民个体的角色和利益从集体中分化出来,具有自我意识、独立性和重视个人福祉的个体的崛起受到社会的普遍关注。

20世纪80年代后,中国社会思潮的演进中最主要的观念就是主体性。可以说,主体的觉醒是当代中国社会思潮的主流,从主体的觉醒到个体权利意识的增加,贯穿于整个过程之中。[①] 对主体性的重视,事实上也是个体的意义,尤其是个体的心理—文化结构意义的凸显。有学者强调,不仅应当关注"人"的"类"(群体)的主体性,而且必须关注个体的主体性。"个体存在的巨大意义将随着时代的发展而愈益突出和重要,个体作为血肉之躯的存在,随着社会物质文明的进展,在精神上将愈来愈突出地感到自己存在的独特性和无可重复性。"[②] 新生代农民工多出生在1980年后,这些年轻人是中国最具有戏剧性的人口群体。"80后"代表着中国青年的第一代,在儿童时已经听过成年人说"富裕光荣"和听他们谈论"下海",见证了商品供应的增长,以及见证了他们父母追求财富的起起落落,入学后,他们经历了参加各种考试的压力,1980年后的国家人口政策也使他们成为在农村有较少兄弟姐妹的第一代。他们得到父母更多的关注、爱护和投资,也被期望实现父母未达成的愿望,在社会中大干一场。因此,有必要从现代社会心理角度解读中国农村社会从传统向现代的跨越过程中,在这一代人身上发生的变化。

一 个体意识的觉醒

(一)较高的自我效能感

自我效能感是一种动力结构,关心的是自身个体用其拥有的技能能够

[①] 赵修义:《主体觉醒和个人权利意识的增长——当代中国社会思潮的观念史考察》,《华东师范大学学报》(哲学社会科学版)2003年第3期。

[②] 李泽厚:《美学四讲:插图本》,广西师范大学出版社2001年版,第33页。

做些什么，它会根据行为人取得的新经验和信息不断变化，同时自我效能感具有极大的可塑性，人们在应对生活挑战时的自信体验会萌发出控制自我命运的意识，相信凭借自己的能力可以使自身的地位有所改变。与第一代农民工不同，新生代农民工与传统联系较弱，他们对在新环境中改善自身的地位有着较大的自信。从行为认知来看，他们深知改革对自身地位的提升是有利的。从行为动机来看，种种限制性因素也使他们存在着实现自我的隐忧。从行为控制来看，由于自信与隐忧同在，他们便格外注重自身的努力，或取主动进取行为，或取减少受阻的防范行为，两者互补呈现一种积极的态势。从行为后果来看，他们更看重自身的价值，对改革的前景更有信心，更愿意承担风险。自我效能感还能够帮助他们以特定方式简化对潜在机会信息的加工和决策过程。有研究表明，新生代农民工的一般自我效能感对其创业效能感和创业意向都有正向影响，新生代农民工获得外部支持水平越高，其创业效能感对其创业意向的正向预测作用越强。[1] 实际上，具有现代性的新生代农民工在城市工作和生活过程中，在观察体验、榜样模仿、积极的社会政策等环境正向的反馈都增强了他们的自我效能感。[2] 此外，新生代农民工有着明确的人生目标和生涯规划，积极构建自身的社会支持网络。这些策略不但可提升自身的心理资本，还可提高农民工群体在城市环境中的自我效能感，有助于培养出具有自信、乐观、满怀希望、坚强韧性品质的新市民。

（二）注重自身的发展权利

发展权是人们拥有充分发展其全部体能和智能的权利。新生代农民工外出务工不仅是为了"积累经验"、改变命运，还有清晰的职业规划，发展需求强烈。《中国青年报》2011年9月的一项调查统计结果表明，第二代农民工选择"刚毕业，出来锻炼自己""想到外面玩玩""学一门技术""在家乡没意思"的人共占到71.4%。与此形成鲜明对比的是，其他年龄段的农民工大部分是以"出来挣钱"为主要目的：20世纪50年代出

---

[1] 段锦云、徐悦、田晓明：《新生代农民工的自我效能与创业意向：社会榜样和主观规范的影响》，《苏州大学学报》（哲学社会科学版）2015年第3期。

[2] A. Bandura, "Perceived Self-efficacy in the Exercise of Personal Agency", *Journal of Applied Sport Psychology*, Vol. 2, No. 2, 1990, pp. 128–163.

生的工人有55.6%选择了"出来挣钱",60年代的工人则是76.2%,70年代的占了34.9%。这些都反映出第二代农民工对发展权的重视。如果说第一代农民工是单纯地追求收入和生活水平的提高,更愿意"落叶归根",那么,新生代农民工则更注重自身的发展与自我实现。[①] 调研也显示,超过一半的青年农民工外出务工的目的是多挣钱,但其更深层次的目的是为创业积累资金;1/3左右的青年农民工外出务工的目的是学技术,为了有更广阔的发展空间,有三成左右的青年农民工工作之余选择学习;面对激烈的竞争,青年农民工表现得积极主动,他们希望政府能提供相关的渠道和方法,协助和推动个体的充分发展。他们对知识的追求与自我价值实现的愿望,比中年农民工更强烈。运动、上网吧等现代休闲活动已进入青年农民工的生活,他们更愿意选择拥有球场、图书馆、网吧等活动场所的、注重企业文化的工厂,这也成为他们进厂的主要因素之一。青年农民工有着较高的精神文化生活追求,更具有文化气息。如果说中年农民工挣钱多是直接用于生活,那么青年农民工挣钱则是为未来发展做准备。

(三) 自我边界的清晰化

中华人民共和国成立至今的社会变迁历程既是一个社会的个体化过程,又是一个个体自我边界重构的过程。正如阎云翔所说,改革之前的30年中,国家推动的社会改造将个人从家庭、亲属、地方社区中抽离,然后将个人作为社会主义主体嵌入国家控制的工作与生活的再分配体系中,实现了"部分个体化"。[②] 但"单位"对"家族"的取代并未在实质上对个体的自我构念造成影响,在改革至今的40多年中,以市场为导向的经济改革,既带来了国家与个人关系的转变,也使得自我构念发生实质的转变。

打工经济兴起并日益普遍化,农村人口流动加速,熟人社会呈现出半熟人化特征。随着市场嵌入乡土社会中,传统社会功能性互助关系逐渐萎缩,人情往来较少承担社会互助功能,而更多扮演着关系确认的角色,人

[①] 梁宏:《生存还是发展,利益还是权利?——新生代农民工集体行动意愿的影响因素分析》,《中国农村观察》2013年第1期。

[②] [美] 阎云翔:《中国社会的个体化》,陆洋等译,上海译文出版社2012年版,第353—358页。

情往来呈现出形式化趋势。① 人们之间联系的密度和关系深度降低，家庭与家庭之间的边界不断清晰化。包括新生代农民工在内的当代青年人在离开家乡后，与传统社会中的人际关系边界不断清晰，甚至出现了"断亲"现象。这种"断亲"是现代化的必然产物，既反映了养老、医疗、失业等社会保险和社会救助制度的广泛建立与不断完善导致人们对传统互助网络依赖的降低，② 也凸显了青年人在处理关系上融入了利益原则、经济利益纽带、合作的有效和互惠的维持等理性因素，在一定程度上使关系变成了一种选择而不是义务。这意味着自我边界意识的形成，自我边界不仅明确了个体的责任与主权，也确保了个体思想与生活的独立，使"你的事归你，我的事归我"成为可能。③ 自我边界是通透性的，既可扩张（包含他人）也可收缩（排除他人），新生代农民工需要在流入地重新构建新的关系网络，在与他人互动中不断调整和修正已有的社交边界，人力资本禀赋约束下，对其社会资本的经营是农民工实现其长期续留城市的一条有效途径。④ 尽管他们的户口在农村，但是他们工作、生活都在城市，与农村利益关联的紧密性下降和自身的变化，使得新生代农民工与家乡的关联有下降趋势。

（四）依法维权意识提升

由于体制性的障碍、措施上的滞后以及新生代农民工自身条件的限制，农民工的权益困境始终与之如影相随，各类维权行动也不断增多，特别是一些非制度化的集体抗争。有不少学者注意到，非制度化抗争虽然能在一定程度上实现农民工的维权目标，但它会加剧社会不同群体间以及底层民众与政府间的对立和冲突，进而引发社会秩序的失衡。⑤ 事实上，除

---

① 王向阳、吕德文：《"人情式微"：近年来中国农村社会关系变迁研究》，《学习与实践》2022年第4期。

② 陈友华、宗昊：《"断亲"：概念、问题及思考》，《扬州大学学报》（人文社会科学版）2023年第3期。

③ ［澳］乔治·戴德：《自我边界》，李菲译，江苏凤凰文艺出版社2019年版，第2—4页。

④ 梁海兵、陈海敏：《农民工何以长期续留城市？——基于社会资本的收入回报与投资反馈的考察》，《农村经济》2021年第10期。

⑤ 刘建洲：《农民工的抗争行动及其对阶级形成的意义——一个类型学的分析》，《青年研究》2011年第1期。

了非制度化方式，农民工还可以通过制度化方式来维护其合法权益，后者是运用国家正式供给的渠道如司法、信访、劳动仲裁等解决权益纠纷。经验研究表明，整体而言，农民工对制度化维权手段的使用有较强的意愿。有研究表明，接近八成的农民工明确表示，如果权益遭受损害，愿意借助国家提供的正式渠道维权。[1]

党和国家高度重视劳动关系问题，进一步健全劳动保障法律体系。各级各有关方面积极开展劳动关系协调，企业与职工平等协商、三方协调、政府依法调整等协调机制不断强化，农民工逐渐地对劳动用工方面的政策、法规有了具体的认识。当新生代农民工的合法权益受损后，积极主张权利，并采取投诉、协商等合法合规方式，向在企业层面的矛盾纠纷调解室或工会寻求法律帮助。新生代农民工在工会等支持力量的协助下，开始将自身的权利和企业的侵权行为放在《劳动法》的框架下，对企业侵犯自身合法权益行为加以申诉，认为企业的侵权行为破坏了法律尊严，损害了国家形象，通过建构自身维权与国家发展的经济和政治利益一致及对维权中道德高点的强调，并通过与劳资关系和谐的企业对比，凸显所在企业对自身合法权益的侵害。也需要注意到，尽管新生代农民工的法律维权意识在增强，但整体上，他们的法律知识水平仍然偏低。在信息技术影响下，新生代农民工具有更多获取法律知识的途径，但往往也是一知半解，对法律知识的认知停留在较为表面的程度，无法在现实生活中予以运用。[2] 政府、工会、社会组织等需加大对新生代农民工的法律援助和培训力度，帮助他们提升法律意识和维权能力。

二 农民工个体意识的衍生机制

（一）具有现代心理的父母培养后代的独立意识

改革开放以来，随着社会主义市场经济的发展，乡村的人员和资源流动逐步加快，与社会各种关系和信息广泛接触，随着通信、传媒技术的使

---

[1] 杨翠萍、李秋霞：《农民工制度化维权意愿的多维度分析》，《华南农业大学学报》（社会科学版）2016年第5期。

[2] 阎晓磊：《新生代农民工市民化融合的法治路径研究》，《农业经济》2020年第7期。

用，在农村各种最新信息已能迅速传播。乡村社会已变得越来越开放、多元，农民通过亲身体验这种现代化环境，开始逐渐开放自己的思维，迎接着不同的生活，并不自觉或有意识地运用这种现代态度来看待家庭生计和发展问题。

> 家里每人只有三分地，必须找活路。爸妈通过找各种关系，20世纪90年代末进入了工厂打工，当上了工人。2010年有个买商品房的机会，那时候工资低，手里也没多少积蓄，家里父母反对，但那时很想买，一来上班方便，二来农村的关系非常复杂，厂子里的事都够烦心的，不想再被这种关系烦扰了。我也不希望一辈子扎在农村，于是跟女朋友七凑八凑，凑够了，现在住的就是这个房。现在老妈都说我有远见，她希望我们过上不一样的生活。（C37－YLS）

YLS 的母亲出生在 20 世纪 40 年代末，吃过很多苦。1994 年，当地土产公司不再收购自家的手工品后，需要另谋生计。当时乡镇企业蓬勃发展，她希望为孩子改下命运，于是，她通过找关系，2020 年 9 月终于为 YLS 找了一份国有企业的工作，这是她能为子代所做的最大努力。当后代毅然地决定与传统的生活方式告别，去施展才干，具有现代心理意识的农村父母们多尊重，至少是不干涉后代的抉择。他们中或许也有人一时难以接受甚至为此产生家庭矛盾，但他们能够从长期培养起来的现代心理基础上获得一种信念，这就是只有适应社会变化，人类自身才能向上，向进步的方向发展。①

家庭是帮助建立现代化社会的重要因素，从小培养儿女具有能适合现代社会环境的品质是家庭的重要任务。农村家庭联产承包责任制的实施满足了农民对经营自主权的渴求，家庭成了农村主要的生产经营单位，农民的社会自由度大大提高。而集体经济的瓦解、生产大队行政型管理体制的革新使村级组织失去了直接干预生产经营和直接控制分配的

---

① ［美］阿历克斯·英格尔斯：《人的现代化》，殷陆君译，四川人民出版社 1985 年版，第 82—84 页。

权力，农民与村级组织的利益关系发生转变，① 家庭的主体地位凸显，很多走出祖荫的农村父母通过婚姻自由、职业选择来塑造新的独立、自立、自主的个人。随着市场经济和全球化对知识人才需求的增加，农村父母逐渐意识到教育的必要性，尽量让后代受更多更长时间的正规教育，农村义务教育的全面实行让农民更加积极保障子女追求科学文化的权利，努力创造更好的学习环境，鼓励孩子依靠自己的教育和能力，② 促使学生必须学会承担起对自己和家族的责任，依靠自己，独立地走向社会，赢得社会的认可。

（二）国家立法培养农民工的权利意识

中国早在社会主义市场经济发展初期阶段就对工人的权利进行了完善的劳动立法，其速度远远超过历史上大多数资本主义国家。以最低工资为例，在工业资本主义兴起很久之后，美国于1938年、法国于1950年才通过了关于最低工资的国家立法。最低工资制度于1960年引入拉丁美洲，距资本主义经济学引入半个多世纪。韩国自20世纪40年代后期建国以来就实行市场经济，直到80年代后期才开始实行最低工资标准。而中国迅速而积极的劳动立法，第一部《劳动法》于1994年生效，2004年开始实行最低工资标准，距离1978年的经济改革仅有26年，这反映了国家高度重视保护劳动者合法权益。除了《劳动法》和《劳动合同法》对劳动争议解决的规定，中国还制定了专门的条例和规则来规范争议解决。法院和仲裁委员会在解决劳动争议中发挥了关键作用。

为及时有效处理劳资冲突，政府还建立了广泛的调解网络。劳动局、工会、法院、社区组织等机构被要求在劳动争议调解中发挥积极作用，一种被称为"大调解"的新制度安排也应运而生。这种安排把民事、行政和司法调解整合到一个制度平台中，允许地方机构合作解决劳资纠纷。另一个非常重要的机制是由劳动局进行的劳动监察。劳动监察的目的是监督企业执行劳动标准，纠正用人单位的不当行为，惩处违法者。

---

① 谢炜：《转型期乡域社会心理特征与社会管理创新的路径选择》，《华东师范大学学报》（哲学社会科学版）2014年第1期。

② [美]马赛厄斯·德普克、[美]法布里奇奥·齐利博蒂：《爱、金钱和孩子：育儿经济学》，吴娴、鲁敏儿译，格致出版社2019年版，第320—330页。

值得一提的是，中国工会越来越成为服务提供者和纠纷调解者。例如中华全国总工会积极推动国家《劳动法》《劳动合同法》的立法和省级劳动监管，将有利于工人的条款写入其中，为工人提供法律援助并解决劳动争议。地方工会也进行了各种尝试，以促进保护个人劳动权利。为了增加工人集体协商的能力，工会还通过改革大力推进私人企业建立工会组织。2021年，作为劳动力输入大省的广东全省百人以上企业已建工会27256家，组建率为94%；此外，还建立了一支3290人的社会化工会工作者队伍。① 经由上述培育和保障机制，农民工依法维权意识不断提升。

（三）勤劳自立美德的现代传承

小农经济时代漫长的生活经历使中国人养成了信奉勤劳致富的观念，勤劳俭朴一直是中华民族的传统美德，这种美德在社会主义中国得到了较好的继承和强化。1954年《中华人民共和国宪法》（以下简称《宪法》）规定，劳动是中华人民共和国一切有劳动能力的公民的光荣的事情（第16条）。1975年《宪法》规定，国家实行"不劳动者不得食""各尽所能、按劳分配"的社会主义原则（第9条）。1978年《宪法》延续了这些内容。1982年也即现行《宪法》更是进一步明确，劳动是公民的一种权利，也是一种义务。这些观念不仅通过法律条文及其实施，也通过频繁的思想政治工作和媒体宣传不断得到强化。自《中共中央关于加强社会主义精神文明建设若干重要问题的决议》原则性地提出，"社会主义道德建设要以为人民服务为核心，以集体主义为原则，以爱祖国、爱人民、爱劳动、爱科学、爱社会主义为基本要求，开展社会公德、职业道德、家庭美德教育"之后，又经过多年讨论，2001年出台了《公民道德建设实施纲要》，要求在全社会大力倡导"爱国守法、明礼诚信、团结友善、勤俭自强、敬业奉献"的基本道德规范。2006年，中央提出要引导中国广大干部群众特别是青少年树立社会主义荣辱观，"以辛勤劳动为荣，以好逸恶劳为耻"等为代表内容的社会主义荣辱观很快成为企业、学校、社区

---

① 《广东省百人以上企业超九成已建工会》，2021年5月23日，中工网，https://www.workercn.cn/c/2021-05-23/6571209.shtml。

随处可见的宣传内容。2020年，中共中央、国务院印发了《关于全面加强新时代大中小学劳动教育的意见》，明确新时代劳动教育的价值，规划劳动教育体系提出相应要求。从基本道德规范到社会主义荣辱观，劳动光荣的思想都贯穿其中。与这些宣传话语相配合，一部分人勤劳致富的事例也被当作可以推广的典型纷纷被发现、被报道。总之，劳动不仅会给人们带来心理上的满足（劳动光荣），还是获得物质报酬的前提（例如不劳动不得食、按劳分配）。这样，劳动致富成为社会共识。

（四）消费塑造城市身份认同

在传统社会中，群体间具有僵硬的界限，这种界限是难以渗透甚至不可改变的，凭借个体成员的一己之力不可能实现跨越。大规模的社会流动使得社会群体边界的可渗透性和社会阶层的可流动性增强，社会成员通过个体自身努力都有可能会在特定的时代和社会中建构新的身份认同，其身份正在被个体主动地、通过私人化的消费模式建构。认同正在日益成为一件事关选择的事情，[1] 而消费模式的自由选择让认同的建构以一种更为直观的方式得以实现。随着社会消费革命的到来，新生代农民工的主体性身份认同建构也已经扩展到消费领域。新生代农民工在追求美好生活和社会向上流动的过程中，经历了快速的文化适应过程，获得了城市居民的文化价值观和消费模式，希望被城市社会群体接纳。

为了改善生活环境而外出的新生代农民工承载着家庭中的留守成员甚至是整个家庭的厚望，在农村社区的居民看来，外出务工人员的成功不仅是自身能力的体现，同时也是整个家庭的荣耀。第一代农民工多以在家乡建设一栋像样的房子作为向外界证明成功的方式，购买和使用名牌产品则是很多新生代农民工在攀登社会阶梯时显示成功和成就的重要方式。由于在城市中真正实现向上的社会流动是困难的，但可通过与城市趋同的消费来较为轻巧地建构自己的新的身份，例如前卫的消费观念、时尚的衣着发型、城市居民使用的消费品。研究表明，面临身份冲突的农民工更有可能在名牌产品上花费与其收入不成比例的支出，以验证社会身份并象征财务

---

[1] A. Warde, "Consumption, Identity Formation and Uncertainty", *Sociology*, Vol. 28, No. 4, 1994, pp. 877–898.

上的成功。① 通过炫耀性消费向乡亲们证明自己外出务工的成就，也给仍然生活在农村地区的亲朋好友留下深刻印象。

三 社会心理个体化的困境

中国社会的个体化进程并不意味着能够确保新生代农民工如期获得真正意义上的"自由"与独立的"自我"，反而可能成为新生代农民工成长中的一种障碍。正如埃利亚斯所阐释的："在我们这个文明阶段上，人已高度个体化，人们从自我内在中所感受到的［自我与他人］之间的隔阂和异常激烈的对抗，因他们的这种意识转而投射进了世界……隔阂就被当成人的存在性隔阂，对抗被当成个体与社会之间永恒的对抗。"②在这一对抗中，迈入城市社会的新生代农民工始终在对抗中处于劣势一端。

（一）自我负责的归因或导致过度自责

在追求美好生活的过程中，新生代农民工面临着重新整合的问题。由于社会结构、文化和教育障碍，目前大部分农民工被归类为临时城市居民，处于边缘化和被歧视的状态中。研究表明，与 SCL-90-R 的中国标准相比，农民工在几乎所有症状方面的心理健康状况都较差。新生代农民工抱着对美好生活的追求，从农村向城市流动，在摆脱了血缘关系、邻里关系的束缚后，同时也导致了个体之间情感的淡化、人际冲突的增加。社会的差异性、多元性和不确定性，在一定程度上，使个体处于惶恐不安的矛盾和忧虑之中，社会中普遍存在一种焦虑心态，③ 这种焦虑源于自我发展与未来的不确定性，来自外界的物质与感官的享乐所带来的满足感总归是短暂的，随后袭来的空虚和焦虑情绪无法及时拂拭，久而久之对自己感到失望，对生活感到沮丧，最终陷入深深的绝望。

社会的个体化也意味着一个人最终要为他/她自己的幸福负责，自我

---

① B. Dubois, C. Paternault, "Observations: Understanding the World of International Luxury Brands: The 'Dream Formula'", *Journal of Advertising Research*, Vol. 35, No. 4, 1970, pp. 69-76.

② ［德］诺贝特·埃利亚斯：《个体的社会》，翟三江、陆兴华译，译林出版社2003年版，第124页。

③ 文军：《个体化社会的来临与包容性社会政策的建构》，《社会科学》2012年第1期。

负责的归因让个体相信自己的能力对于取得成功至关重要，有助于个体培养自信和自尊，它也让个体相信通过自己的努力可以克服困难并取得成功，但这反过来可能会导致在失败时出现更多功能失调的以自我为中心的反思性思维。个人无法在他自身的自我规范和他的社会责任之间找到恰当的平衡。"一种内在的紧张和分裂"在青年农民工个体的心灵世界中格外加剧。[1]

（二）对不公平感知增强

逐步解决城乡收入不平等问题是中国新时代贯彻落实新发展理念中"协调发展"和"共享发展"的重要内容。城镇化进程提速所引发的城乡劳动力大规模流动的确促进了城乡整体工资水平的上涨，一定程度上松动了城乡二元经济结构，有助于快速消弭城乡间收入差距，促进劳动力流动对消弭城乡收入不平等具有重要意义，"涓滴效应"已经在逐步增强。[2]但相关研究表明，劳动力流动对城乡不平等的影响机制是复杂且多变的。从中国的典型经验来看，如果农转非的劳动力更加具有技术密集的特征，则有利于缩小城乡不平等，而非正规部门在城镇化过程中吸收劳动力越多，则并不有益于城乡差距的缩小。[3] 大部分"95后"农民工的职业流动依然是在制造业和中低端行业内部循环，这种陀螺式的循环模式反映出他们可能囿于技能水平不足而无法跳出中低端职业的深层次问题。[4] 收入增加、生产率改善劳动力流动所带来的激励效应可能会逐步被失业高风险、就业的非正规性、城市及社区排斥、缺乏基本公共服务等原因抵消。由于制度排斥和社会比较，作为城市社会底层的农民工群体易产生不公平感。美国心理学家亚当斯提出的公平理论，认为公平感是人们进

---

[1] ［德］诺贝特·埃利亚斯：《个体的社会》，翟三江、陆兴华译，译林出版社2003年版，第31页。

[2] 蔡昉、王美艳：《为什么劳动力流动没有缩小城乡收入差距》，《经济学动态》2009年第8期。

[3] P. Athhukorala, Z. Wei, "Economic Transition and Labour Market Dynamics in China: An Interpretative Survey of the Turning Point Debate", *Journal of Economics Surveys*, Vol. 32, No. 2, 2018, pp. 420–439.

[4] 苏丽锋、陈建伟：《95后新生代农民工的职业现状与技能提升对策》，《工人日报》（网络版）2021年9月6日。

行社会比较的结果。当人们感觉自己的待遇和其他人相当时,会觉得公平;如果待遇比其他人好时,会觉得高兴,但是好太多则会带来内心的不安;如果待遇比其他人差,就会感觉到不公平,如果差很多会产生怨愤的情绪。公平感受直接影响个体行为,[①] 平等意识的增强也促进了农民工的不公平感知,从而增加其集群行为参与的风险。[②] 此外,这种不公平感在消费社会中更为明显,经过几代以后,奢侈品也成为了必需品,每一代人都需要比前人更多的东西才满足,这个过程就把富裕重新定义为贫穷。[③] 由此,现代社会中的贫困明显区别于传统定义的贫困,它具有主观性、相对性与流变性的特点,不仅指向一种当下事实上的物质匮乏,更指向对物质的感觉性欲求。这种类型的贫困新生代农民工是现代化"适应不良"或"受阻"的群体,既羡慕和渴求改变,又不愿、不敢和不能改变。这种矛盾性与两极性使其处于一种焦灼和困惑中,存在感受到质疑,价值感受到挑战,面临着一种"回不去的过往,走不到的现代"的选择性困惑。[④]

流动人口因教育和技能水平偏低,又缺乏足够的社会资本,在城市中维持较低的生活水平,生活风险较大,一旦因重病、残疾等事件,将会有较大的贫困风险。因此,在中国脱贫攻坚战取得了全面胜利后,相对贫困问题将成为未来反贫困行动所要解决的主要问题。党的十九届四中全会提出了"建立解决相对贫困的长效机制"的要求,需要及时地完善流动相对贫困人口的帮扶政策体系,将符合条件的流动性农村相对贫困人口纳入社会救助体系中。

(三)身份认同的过渡性增加了身份焦虑

改革开放以来,中国实行了一系列旨在促进城乡经济协调发展的改革

---

① J. S. Adams, "Inequity in Social Exchanges", in L. Berkowitz ed., *Advances in Experimental Social Psychology*, New York: Academic Press, 1965, pp. 267–299.
② 牛静坤等:《公平感对农民工集群行为的影响研究——基于平等意识的调节效应分析》,《公共管理学报》2016年第3期。
③ [美]艾伦·杜宁:《多少算够——消费社会与地球的未来》,毕聿译,吉林人民出版社1997年版,第41页。
④ 卫小将:《"生活政治"治理:精准扶贫工作新转向》,《江海学刊》2020年第4期。

举措和政策措施。中国传统的城乡二元经济格局已经发生了明显变化，城乡市场分割的局面已经有较大改善，统筹城乡发展提上议事日程，但实现城乡一体化是伴随中国现代化进程的一个长期、艰巨和复杂的历史过程，改革开放后形成的农民工群体，他们的身份认同呈现出一种不断转变同时又不断分裂的情形。[①] 社会学领域中的身份认同是指个人在感情和行为上视自己为某个群体的一员，具有很强的群体归属感和相对的稳定性。新生代农民工的身份认同问题不仅是他们对"我是谁"的回答，还是其市民化的具体体现，更是衡量中国城市化发展进程的标准。农民向城市流动的过程实际上也是一种新的社会身份获得的过程。一方面，新生代农民工以农民的视角去观察城市、体验城市，渴望融入城市。他们在文化程度、人格特征、打工的主要目的、城市认同感、生活方式、工作期望、与农村家庭的经济联系等方面与第一代农民工迥然不同，"城市梦"比他们的父辈更执着，他们中间的大多数人不愿意在结束了若干年的打工生涯后回乡务农。另一方面，由于没有城市户籍，他们不能真正融入其中，只能成为城市的"边缘人"，这在一定程度上又加剧了他们身份认同的困难。一小部分人可能已经完全认同城市人身份或工人身份；还有一小部分人仍然认为自己就是农民，不会被城市接纳；城市和乡村对他们的双重身份排斥导致他们的身份边缘化（半城半乡），即认为自己具有双重身份，既是农民，又是城市人。这种双重认同具有过渡性。还有部分人认为自己处在既不是城市人也不是农民这种双重排斥的身份中间，处在身份的空白期（非城非乡），这种双重身份具有过渡性，也可能成为身份认同的策略，并且可能保持着某种弹性和回旋的心理空间。[②]

结语

英国社会学家马歇尔在1949年的演讲中，将分析置于英国公民身份的历史经验之上，但也暗含了对于所有现代西方社会和国家的意义。他认

[①] 李飞、钟涨宝：《人力资本、阶层地位、身份认同与农民工永久迁移意愿》，《人口研究》2017年第6期。

[②] 杨宜音：《新生代农民工过渡性身份认同及其特征分析》，《云南师范大学学报》（哲学社会科学版）2013年第5期。

为，现代公民身份概念由公民要素、政治要素和社会要素的集合体所构成，这三个要素大致是以先后顺序逐步出现的。正如他自己所说，马歇尔对于公民身份三种要素的分析是"受命于英国的历史而非顺从于逻辑的展开"。在中国压缩式现代化中，三个要素并非像西方社会一样依次出现，公民的身份和权利是一个内部要素发育程度不一的混合体，三个要素所包含的内容也与西方有差异，而且，对于特定社会发展阶段的公民而言，他们对权利要素的感知、需求也有很大不同。因此，国家提供的制度保障也有很大的差异。但是，马歇尔给本研究的启示在于对公民权利的社会要素的分析，社会要素实质上指的是公民的"福利权利"。在长期的二元制社会中，城乡居民形成了一种普遍的二元福利权利和意识。随着社会开放程度的增大，获得统一的福利权利成为权利意识正在觉醒中的新生代农民工的普遍诉求。

移动互联网打破了时空限制，把因物理距离分隔两地的家乡和新生代农民工整合到同一网络空间中，实现了"离土不离乡"的关系迁移，从而增强了与农村生活的关联，减少生活中的社会排斥感，在一定程度上淡化了"农民工"这一身份给个体带来的空间认同困境，但他们的未来在哪里？他们的空间位置将归于何方？这一切，仍值得再思考。此外，新媒体的出现及普遍使用，打破了不同阶层之间的空间隔绝，提供了一种相互了解的新途径，开启了新生代农民工在主流媒体之外的日常媒体实践，也可以理解成农民工在被动消费主流文化外主动地、创造性地利用新媒体参与认同政治的过程。但新生代农民工是否有足够的"数字素养"（digital literacy）在主流媒体的话语和文化表达之中发言，去积极再造嵌入在主流和边缘叙事中的意义？他们是否有相应的数字能力去生产内容进而描绘出新的群体肖像？这些都是值得进一步探讨的研究议题。

第四节 从"为他人而活"到"找到自己的活法"

中国文化是以"社会定向"为其价值基础，这是一个以群体为主要取向的社会。其价值体现具有重群体、轻个体的特征。[1]"为他人而活"是中国传统文化以伦理统摄人心和规范行为的日常生活表达，其要义凸显了对于亲近之人的义务责任，以及强化了个体与这些人在本体论意义上的不可分割性，[2]大多数人被"为他人而活"的伦理规训。伴随经济、政治个体化进程而来的是，文化领域兴起了"自我文化"（self culture）现象。社会个体化为个体需求的满足创造出机会和空间，关于道德和责任的全新想象正在逐步形成，一种全新的"为自己而活"的"自我文化"正在出现。"自我文化"强调在日常生活策略选择时体现出来"为自己而活"这样一种价值观。个体本身具有了无须依托集体的独立价值，获得了文化上的重要性。自我文化的兴起过程可以从两个方面来把握：它既包含了对自我的认知（自我冲突、危机及发展机会的不确定性），同时也包含了对自我取向的个人的约束。需要指出的是，中国文化中将自我看作宇宙、自然和社会的同构和共同参与者，因此在价值取向上形成了平衡和适度的原则。自我的完善并不具有排他性，相反，中国青年个体在实现自我的同时，也应该尊重他人自我实现的意愿，或者说群体利益的实现亦是个体利益实现的途径。

一　青年文化谱系演进

青年文化是当代青年所共有的一套信仰、价值观和行为，因其群体的社会承继角色而备受关注。青年文化是现代化发展进程中一定青年群体的思想观念、思维方式所形成的话语体系与行为方式等表征的总称。在某些方面，他们与主流思想和成年人的行为方式差异很大。青年文化体现的是青年的叛逆与反主流文化的特性。青年文化是亚文化中极具独特性、最为活跃的类型，因其表现出明显的青春特色而构成一个谱系的发展或表现样态。青年文化谱系是多种青年文化形态交互发展而逐渐演化形成的亚文化系统，其既具有丰富的形态，又具有青春张扬与矛盾的统一性表征，还与

---

[1] 言红兰：《自我文化与跨文化交流》，《武汉大学学报》（哲学社会科学版）2008年第6期。

[2] 阎云翔：《"为自己而活"抑或"自己的活法"——中国个体化命题本土化再思考》，《探索与争鸣》2021年第10期。

经济社会文化发展密切相关。

目前关于青年文化的研究大多关于时尚、音乐品位、失业、性、犯罪以及反抗等问题，这使得青少年的叛逆与犯罪在很长一段时间都是青年文化话语中的主角。学界对佛系文化、粉丝文化、丧文化的研究较多，这些研究体现的仍是以叛逆非主流为主要特征的文化视角。事实上，青年文化不只包含部分西方城市白人男青年的叛逆与犯罪和在各种压力下的丧文化，这实际上是一种只关注青年消极作用的狭隘视角，应该通过对不同地区、不同类型的青年文化的研究进行拓宽。青年文化是青年人所关注的东西，其蕴含的其他文化功能和意义需要进一步来揭示，此部分关注的重点是新生代农民工日常生活的自我文化及其社会意义。

年龄、辈分、性别是构成中国公共领域与家庭领域等级体系的三个基本要素，而且在人的生命过程中，不存在儿童与成年人之间的过渡阶段。习惯上，儿童不被看作一个完全的人。因此，一个人在结婚前就始终被认为是不成熟的、不可靠的孩子。但在20世纪初，青年一词获得了更多的社会意义。20世纪20年代的学生运动首次证明了青年是一股重要的社会力量。20世纪三四十年代，中国共产党对来自所有社会阶层的中国青年而言都具有一种强大的吸引力。20世纪50年代，为保护农民利益，发展农业生产，国家决定在全国建立农民协会组织，团结雇农、贫农、中农以及农村一切反封建的分子等；同时，在土地改革完成后，农民协会进一步凝聚了农民力量，青年被吸纳到不同类型的群团中，进而巩固统一战线和达到 向社会主义过渡的战略目标。[1] 20世纪80年代，随着中国改革开放的推进，西方文化思潮尤其是个人主义思潮逐渐对青年群体产生了较大影响，西方青年的文化表征也一度成为这一时期青年群体追求的时尚。而文化生活水平的快速提高、信息的流动、新价值观的出现，以及城市打工机会的增多，20世纪90年代以来的农村青年见证了一个全新的世界。农村青年特别是外出打工的青年人正努力紧跟城市主流文化，模仿他们认为现代时尚的城市生活方式。他们喜欢时尚和娱乐，追求个人独立和幸福，沉

---

[1] 陈佳俊，史龙麟：《动员与管控：新中国群团制度的形成与发展》，《社会发展研究》2015年第3期。

迷于物质享受和感官刺激。他们没有传统生活经验的羁绊，拥有新鲜的渴望，喜欢尝试新东西，一旦有可能，他们绝不缺乏尝试新生活方式的勇气。城市的思想和行为模式在一定程度上导致了当代农村青年背离了传统，尤其是他们对更为物质主义、个人主义及现代的生活方式的追求体现得更为明显。进入21世纪，人们的目光聚焦于正在长成的"80后"群体，对他们的总体评价表现出明显的负向特点；[1] 与之不同，新生代农民工则被描述为不仅为生存更为发展的新一代农民，"个人奋斗者"成为大流动时代新生代农民工的群体形象。[2] 随着时间的推移，人们一方面把关注的焦点转移到"90后""95后""00后"等群体；另一方面也形成了对青年文化由贬斥到部分接受，再到包容理解的发展轨迹。互联网络尤其是移动互联网的不断发展，当代青年文化也出现了小清新文化、佛系文化、萌文化、二次元文化、主播文化、粉丝文化、极简文化、朋克养生文化、表情包文化、流行语文化、躺平文化等多种文化样态，构成了当代青年文化不断演进发展的独特谱系。

二 青年自我文化的浮现

在自我文化不断成长的社会中，冲突是弥散的，但对人们的生活影响深远。关于道德和责任的全新想象正在逐步形成和发展中，人们对贫穷、婚姻家庭、美好生活等问题有了新的理解。

自我文化有三个重要特征。首先，是在审美生活方式的营造过程中的自我表演。对于18—35岁的人们而言，把自己的生活打造成具有一定审美味道的生活成为一种主要思潮。其次，自我文化彰显出一种内在化并具有实践意识的自由理念。只有当自我文化碰到困难，才会被限定在确定的目标和一定的形式之内。这就需要预先进行一系列改革——如基本权利、公民权、法治以及充分的教育设施等。这样，自由的文化意识才能全面发展，并经受住实践的检验。最后是自组织。自组织不仅仅指向投票等政治

---

[1] 王玉香：《当代青年文化谱系中的"自我"特征》，《人民论坛》2020年第36期。
[2] 周永康、王荆川：《个体化与制度化编织的人生：新生代农民工生命历程研究》，《青年探索》2023年第3期。

参与行为，更指引着人们的各种行动。自组织要求那些在参与过程中被否定掉的东西成为指引人们行为的准则，换言之，人们需要辨别哪些东西对他们来讲是更重要的。因此，自组织更关注的是个体自己的活动，问题的关键不在于有些人被选上，有些人没有被选上，而在于人们对所有可能的与不可能的事情发牢骚，参与其中甚至付诸行动。在这个意义上，自我赋权、自我指涉完全不同于政治和经济领域，自我文化所走的"第三条道路"是通过"为自我而活"这种离心机制来实现的，自组织的自主逻辑使其区别于货币经济及投票民主制。[①]

这种自我文化的形成需要以下几个条件：新的社会议题与表达渠道，并展示了社会内部的反抗权力；人们在为自我而活的时候所进行的道德和审美尝试，这些尝试发生在各种社会关系中；关于城市与区域规划、城乡之间差距所存在的广泛争议等。

三　日常自由体验与个人义务

20世纪五六十年代，西方工业化社会的研究显示，只有把人们对待工作的态度放在他们的家庭生活和一般环境中才能理解。对于产业工人而言，他们对生活的核心关注点也是家庭，而非他们的工作体验。人们对生活的目标给出了清晰的答案，即"幸福的家庭生活，较高的生活标准，孝顺的孩子"。但今天，人们的答案变得非常不同，而且也不可避免地变得模糊，人们开始思考个体性与认同的问题，"个人能力不断发展"这一过程并不是平等地发生在所有人身上，那些年纪较大的、较为贫穷的及受教育较少的人们仍然保持着传统的价值体系，而在青年一代看来，传统意义上成功的标准如收入、职业、地位等已经不再能够满足他们对自我探索、自我实现及过上"充实"生活的需要。2010年，中华全国总工会发布的《关于新生代农民工问题的研究报告》进一步验证了这一点。调查表明，新生代农民工外出就业动机从"改善生活"向"体验生活、追求梦想"转变，而传统农民工外出就业的主要目的是"挣票子、盖房子、

---

① [德]乌尔里希·贝克、[德]伊丽莎白·贝克—格恩斯海姆：《个体化》，李荣山等译，北京大学出版社2011年版，第49页。

娶妻子、生孩子"，总之，是为了改善比较饥馑的生活状态。而正值青春年华、职业道路刚刚开始的新生代农民工，外出就业的动机带有明显的年龄阶段性特征。用实地调研中一个26岁新生代农民工的话说，就是"体验生活、实现梦想"。一项调查也证明了上述观点。关于外出就业的目的，选择"出来挣钱"的，20世纪60年代出生的农民工占76.2%，70年代出生的占34.9%，80年代出生的只占18.2%；同时，在80年代出生的农民工中，选择"刚毕业，出来锻炼自己""想到外面玩玩""学一门技术"，以及"在家乡没意思"的人高达71.4%。① 人们一旦离开原来的村子到城市打工，就会变得"心野"了。"我们独立过自己的日子，并享受自由"，一群年轻的打工者解释道。很多离乡打工者都特别重视感情上与行动上对父母和兄弟姐妹尽义务，兄弟姐妹送一个人读书的情况并不罕见。

  在访谈中了解到，绝大多数受访的年轻人都倾向于将工作、学习上的成败归咎于自己的个人责任。虽然一些人会提到家庭经济条件不好是导致自己缺乏教育机会的原因，但是一个值得注意的趋势是，年轻人往往将责任几乎都揽到自己身上。有些人强调辍学完全是自己做出的决定，另一些人怪自己学习不努力，或者不是学习的料，就是学不进去，从而无法继续接受高等教育。他们多数相信，是自己不够聪明和不努力才会导致学历不高，如果受教育程度更高些，自己和家人就能过上更舒适、更安逸的生活，尤其是能过上受人尊重的生活。单亲爸爸DHL的手下有大学生干活，他时常感叹，这些大学生虽然不会干活，但在管理能力和视野上就是和他不一样，他希望自己上初中的儿子多受点儿教育，不要像他一样靠"干功夫"活着。尽管儿子单科成绩只考了18分，但他告诫儿子要一直读书，直到个子再也挤不进教室门为止。由于成绩差，没能考上高中，DHL送儿子去了河南省的一家武术学校读高中，毕业后跟随DHL在工地上干活。2021年春节再见到DHL时，他的儿子已经在湖南大学的成人高等教育攻读工程造价专业（C11-DHL）。在这种情况下，主要的责任都首先在于个人，而不是其他外在因素，如没有好的学校、竞争的激烈、父母没

---

① ［挪威］贺美德、［挪威］鲁纳编著：《"自我"中国：现代中国社会中个体的崛起》，许烨芳等译，上海译文出版社2011年版，第32页。

能力辅导孩子、学校离家远等原因。当问及为什么外出工作，找工作时最看重什么，工作可能给他们个人及家庭带来什么，理想中应带来什么等问题，年轻人的回答远远超过赚钱维生这些简单观点。很明显，打工生活往往创造了一些能结交好友和恋人关系的场合，在这些场合下，他们自娱自乐，并形成了有关如何生活的新理念和新渴望。

对"自由"的向往、独立、个人发展等概念被用来表达流动的重要性。对自由的理解也有助于解释为什么很多农民工对签订劳动合同有深深的质疑："合同是束缚工人的一种方式。它是仅仅有利于企业的体制。如果签订了合同，他们就会压榨到你倒下为止。"劳动合同是对工人合法权利的保障，能够确保稳定、可预测的工作条件，但是受访者的回答驳斥了我们的设想。他们认为一旦签订劳动合同就完全处于支配地位。那些工人特别是从事体力劳动的工人通过强调来去自由，来表明自己是掌握主动权的一方，而非大众媒介话语中被剥夺自信、机会与尊严的不幸对象。

年轻人义务感的基础是对既拥有个人选择权利、追求个人利益，同时又确保家庭仍是稳定的安全感来源的多方面的综合评估。对于年轻人而言，家庭很重要，家庭无可争议地成为具有社会、情感以及心理价值的集体。因为它是个人面临疾病、需要照顾、财产损失、借贷等情形时获得社会保障的唯一来源。但随着村落人口的流动性加强，村落群体的边界愈益模糊，农民从原来农业生产的劳动生活方式中脱离，外出务工成了重要的生活来源与生活方式。长期外地打工的空间隔离也让年轻一代的家庭观念发生了变化。在代际关系中，就目前而言，很多人还会出钱供养自己的父母，但那种代际关系较以前平淡了不少。

年青一代已经或多或少地缺少了基于道德层面上的孝敬、尊老的观念，而是过多地关注自己的现实生活，对老年人的重视与否取决于其对他们过上更好的生活是否有用。访谈中了解到不少农民工将养老义务视为一种经济负担，是小家庭致富路上的"累赘"和"绊脚石"，也很少有子女能给予父母精神上的慰藉。1985年出生的YY，2012年娶妻生子后，将儿子留在农村老家由父母看管，他偶尔靠给他人管理工地过活，平时没事会把大把的时间花在躺在自己城里的小家里睡觉或看电视上。2014年YY的父亲意外生病后，他回去的也不多。

> 老爷子的病是靠养的，我在家也不起作用，更何况，跟他没话说，而在（城里）家里自在……老爷子很早就不管家里和自己的事情了，老妈也从不问我工作的事情，她管不了那么多，说让我自己看着办，所以我也就希望他只要管好自己就行了。（农村的）家里有吃有喝的，我不在家也没关系。（C12 – YY）

> 孩子大了，他那样想那样做也没办法，他早年跟我们受了很多苦，由于没能力供他去警校读书，所以他才这样，我们也不怪他，只要他自己好就可以了。我们虽然年纪大了，但仍然干着活，尽量减轻他的负担，我们已经尽力了。（C12 – YY的母亲）

党的十八大以来，以习近平同志为核心的党中央把脱贫攻坚摆在治国理政的突出位置，把脱贫攻坚作为全面建成小康社会的底线任务，以精准扶贫、精准脱贫为基本方略，组织开展了脱贫攻坚战，农村脱贫攻坚战对YY及其家庭产生了深远影响。2018年，YY被列为建档立卡对象，在村委会的支持下，翻盖了三层楼房，结束了一家七口人居住了四十多年的危房的历史。儿子在当地的小学读书，被免去了书本费，并给予营养补贴，父母亲每月各有100多元的养老金。2021年12月回访时，YY已经在扶贫干部的帮助下找到了一份洗衣厂的工作，每月工资5000元以上。2022年4月，他从当地中国农业银行获得了5万的无息贷款，以按揭的方式购买了一辆九成新、价值11万元左右的长城越野车。YY的父母也参加了当地的医疗保险，凭借身份证还可在乡镇的公立医院购得便宜有效的高血压药物。乡镇医院的医生每月定期来农户家里给一家人做血压监测，并叮嘱自我健康管理的事项。随着经济的好转和家庭成员医疗负担的减轻，YY与父母的关系也缓和不少。在2022年5月中旬，YY还赶回来帮父母收割了油菜籽。步入中年的YY，似乎在自我和家庭义务之间找到了平衡点。随着中国社会保障制度的不断完善，越来越多的农民不再仅仅依赖传统生活模式和行为准则作为自己的行为指南，他们的传记可能会变得更加多元化和个性化，标准的传记变成了选择性传记。

代际感情在减退，有的甚至产生激烈冲突，弱化了家庭这个社会最基本细胞的内在亲和力。此外，农村社会关联越来越市场化。改革开放之后，随着社会主义市场经济的建立和发展，市场因素不断渗入乡村社会。同时，农民流动规模不断增大，越来越长期化，在流出地乡村，农业劳动力日趋短缺，机器替代人力成为必然。抽水抗旱、耕田、脱粒、运输等重体力农活越来越机械化和雇工化，专业化雇工群体活跃在田间地头。不仅如此，由于劳动力短缺，乡村的婚丧嫁娶、盖房打井等活动也日益市场化和专业化。各种婚庆公司、丧葬公司和建筑公司为农民提供了专业周到的服务，这些活动不再是村民共同劳动、相互帮助的舞台。随着村民社会关联的不断市场化，村民之间不再相互依赖，联系日益松散，个体成为以市场为中介的主体，正在出现的个体的境况越来越依赖于市场。但同时，人们的生活方式也越来越一致化和标准化。电视普及之前，共同主办社戏，结伴参加庙会、集体看电影、相互串门聊天是村民日常交往和休闲的主要方式，频繁的面对面的交往强化了村民之间的信任与合作，村落就是一个大家庭。电视普及之后，待在自己家里看电视成为村民休闲的主要方式，村民之间面对面交往的频度大大降低，团结协作、共同参与活动的机会大大减少，人们从传统生活中脱离出来，他们每天的空闲生活越来越被电视节目一劳永逸地安排着，各看各的电视或各上各自的网络成为许多新生代农民工回乡后的主要休闲方式。这样就出现了一群孤立的大众观众的社会图景，或者说，是孤立的大众隐士的标准化集体存在。[①] 尽管团结或手足情谊仍然是构成所有社会生活的主线，但他们正在变得脆弱和不牢固。[②]

新生代农民工正经历着一场从传统义务与支持网络中逐步脱嵌的深刻转型。那些原本紧密联结新生代农民工与传统社会结构、文化纽带及社区归属的关键节点，正逐渐被一系列次级社会机构（如劳务派遣公司、非政府组织等）和更为复杂的制度性安排（如社会保障体系、劳动力市场

---

① ［德］乌尔里希·贝克：《风险社会》，何博闻译，译林出版社2004年版，第162页。
② ［法］米歇尔·马费索利：《部落时代：个体主义在后现代社会的衰落》，许轶冰译，上海人民出版社2022年版，序言。

政策等）取代。与此同时，他们深陷于劳动市场的结构性束缚之中，而作为现代消费者，他们也承受着标准化生活方式与消费模式的强大控制力。随着新生代农民工对制度性资源与安排依赖程度的日益加深，他们面临生活困境与社会危机的风险也在悄然上升。当遇到创业机遇并需要资金支持时，无法再从传统的社会关系网络中寻求到帮助。一个来自新余的、在外闯荡多年的30岁的个案CXY（C12－CXY），自2012起就在广东一家鞋厂打工，CXY想回家在本地市区开个鞋店，CXY的父母和兄长姐妹不理解他的选择："整天想着轻轻松松地发大财，赚大钱，而看不起一个月3000元左右的工作。也不知道整天忙什么，几年来没有正式做过什么工作。"但CXY认为自己已经不是20岁出头的小伙子了，在外打工多年，见识了不少东西，现在年纪大了，不适合也不想给别人打工了。他想利用工作过的广东鞋厂货源，回家乡开个鞋店自主经营。但自己手头积蓄有限，"现在亲兄弟都不会借钱给你，更何况其他亲戚和朋友？做任何事情都有风险，但要在城市里生活，就要冒一定风险，自己要想得周全，因为没有人会给你指导，也没有人跟你分担风险，只能靠自己"。2022年6月回访CXY时，他开实体鞋店的计划受到网络购物的冲击，没有冒险盘店。不过CXY有自己的想法，他瞄准在那些进城不便的群体和快递不发达的农村市场，打算采取流动和集市的方式售卖。

正如乌尔里希·贝克（Ulrich Beck）在其理论中所述，个体在后现代社会的生存状态，已经转变为一种"风险社会"中的"风险生存"（risky existence），在相当多的人身上甚至蜕变为一种"断裂或垮塌的人生"，[①]对于脱离了传统关系网络的个体，他的成功与失败越来越被认为是个人的事情，而不再与社会有关，其后果是社会危机和社会风险——失业、贫困、无法受教育、无钱就医、暴力、犯罪等的责任被分散和转嫁到个人头上，被归咎于"个人的缺陷，个人的失败，个人的无能"，社会问题于是变成了"个人问题"，社会危机则成了个人危机，而社会心理病态也成为个人的心理病态——自卑感、负罪感、不安全感、恐惧感、报复冲动等。

[①] ［德］乌尔里希·贝克：《风险社会》，何博闻译，译林出版社2004年版，第209页。

四 "亦此亦彼"的文化

新生代农民工的自我文化有着独特的历史形式,在自我文化中,原有的穷人和富人的标准变得模糊。例如有些农民工可能拥有不适合该阶层的奢侈品,以此来显示他们成功的职业生涯和自我形象,但是与此同时他们也可能是穷人——比如他们可能生活在贫困线附近,长期居住在廉价住所里,为老家父母盖房债台高筑,支付着高昂的教育费用,承受着夫妻、父子、母女分离之苦等。这些人是富人还是已经变成穷人?随着自我文化的出现,这种多面的社会结构中内部的模糊特征正在形成。换而言之,瞬间的贫困与瞬间的富裕、城市和农村相互交替,在一个主体中难以辨别自己的身份,久而久之,人们便生活在各种社会类别的交织之中,但是这种交织的生活状态是可以被清晰地辨认出来并加以重构的。在这一意义上,自我文化是一种明白无误的模糊问题。① 自我文化被理解为一种不平等的情景,它与传统的无产阶级文化和资产阶级文化迥然不同,它不是一种"非此即彼"的文化,而是一种"亦此亦彼"的文化,这种文化在农民和市民之间的混合体——新生代农民工身上更为明显。这意味着,农民阶层和市民阶层、穷人与富人不是相互隔绝的,这些领域相互重叠,相互建构着富裕的方面和贫穷的方面。因此,不安全感几乎遍布社会的各个阶层。自我文化的产生本身就是社会结构自身的一种缺失,与此同时,自我文化逐渐演变成为社会结构的基本特征。随着个体化的推进,人们用于描述社会地位的概念也会发生变化,稳定的、可预期的特征将被不稳定的、模糊的、暂时的"亦此亦彼"的社会地位特征取代。总之,自我文化滋生出"亦此亦彼"的社会结构,社会地位的上升和下降都是有可能的。

五 "走钢丝":风险人生的开启

农村青年自我文化的兴起意味着去传统化,即从既定的确定情景和支

---

① [德]乌尔里希·贝克、[德]伊丽莎白·贝克·格恩斯海姆:《个体化》,李荣山等译,北京大学出版社2011年版,第57页。

撑体系中释放出来，对于个体而言，个人恍如从集体中被"抛到"了社会中，成为一个个不得不自谋生路的个体，他们已经不可能诉诸传统的家族式庇护，或者靠纵向的社区或单位体制来保证自己的社会安全，个体身份不再由某个集体来界定，他就是他自己，能确证自身价值和尊严的就只有他的基本权利。个人不得不凭借自己的权利和能力，去跟各种不同的个体和组织打交道，去发展横向的社会交往，从而形成错综复杂的社会网络，用埃利亚斯的话来说，就是"需要在自己的自我规范和社会责任中重新建立平衡"。[①] 很多农村青年主动地从稳定的生活预期中逃脱出来，流向未知的城市，其中，很多人的生命历程变成了一次充满挑战的探险。一种常态的生活变成可选择的、充满风险的生活，然而，生活在充满矛盾的现代社会中，以自我为中心的个体很难以理性的方式作出决策，并充分考虑到可能的结果。

"为自己而活"有两种不确定性：一是个体仍然可以加以计算和控制的不确定性，另一个是不再可以计算和控制的不确定性。越来越多的人都感觉到他们自身无法理解、驯服或忽略的境遇的压抑，外在环境对个体自我的压抑，有可能导致绝望情绪的滋生，甚至是盲目的暴怒。与"为自己而活"的相关的种种范畴，如模糊性、危险性、机遇等都有个共同的特征——风险成为自我属性的核心范畴。新生代农民工的生命历程可以用走钢丝来比喻，每个人都总是处于掉落于工作和社会的危险之中，但人们总是想通过或多或少的成熟的技术和意识来控制这种趋势，以期去过属于自己的生活。而事实上，只有极少数是幸运儿，能够把握住他们自己的命运。在一个充满着走钢丝般生活经历的城市社会中，精神紧张、审美需求以及恐惧给他们带来了极大的压力。

结语

现代社会的流动性、开放性、多元性导致个体化出现，整体性的道德权力迅速下降。相应的，在一个快速变化的社会中，多个价值体系相

[①] ［德］诺贝特·埃利亚斯：《文明的进程：文明的社会起源和心理起源的研究》，袁志英译，生活·读书·新知三联书店1999年版，第144页。

互竞争正成为常态。因此,个体道德价值的选择不符合相对主流的价值体系时,争论可能发生,个体更多时候被认为是不道德的个体,这个转向被称为道德的私有化。在越来越个体化的社会中,人们越来越将成败、进退取决于个人,而不是由于个人无法控制的结构或处境。在一个以风险经历为特征的现代社会中,个人的主观性成为一种重要的力量。A. Fulong 和 F. Carmel 在研究了西方个体化社会中的年轻人后指出,尽管事实上年轻人的生活经历依然是由阶级和性别造成的,然而,可供选择的广阔范围使他们形成了一种印象,即"他们自己的道路是独一无二的,他们所面临的风险应该以个人的身份去克服,而不是以集体成员的身份"。[1] 贺美德和鲁纳的研究也表明,来自贫穷地区的年轻人在很大程度上将他们所看到的社会失败归于个人责任。[2] 没有经历过集体化阶段的年轻人远离家乡打工,也由此卷入新的关系网络中,并体验了城市生活。因此,尽管他们强调家庭的义务,但同时又坚持自己作为个体的利益、权利和抱负。

这样,负罪感在一定意义上取代了阶级意识。在"为自己而活"的社会情境下,由社会结构所决定的并且是显而易见的集体命运,转化为个体内心的负罪感。你自己的生活等同于你自己要独立面对自己的困境。青年人特别强调个体选择的作用,同时对于自己无法获得成功,往往倾向于责备自己,而不是责备自己所处的环境。"生活中的个体,终生都要去解决各种系统带来的矛盾。"[3] 风险和矛盾依然会被社会生产出来,只是应对风险和矛盾的职责与必要性正在被个体化。结果就是社会问题越来越被视为心理气质的问题,进而形成了一种个体和社会之间全新的关系。而在以个人能力、技术为基础的积分入户的管理方式下,个人的成就取向同样变得非常重要。

---

[1] A. Furlong, F. Cartmel, *Young People and Social Change: Individualization and Risk in Late Modernity*, Buckingham, UK: Open University Press, 1997, pp. 23–78.

[2] [挪威]贺美德、[挪威]鲁纳编著:《"自我"中国:现代中国社会中个体的崛起》,许烨芳等译,上海译文出版社2011年版,第45—53页。

[3] 转引自[德]乌尔里希·贝克、[德]伊丽莎白·贝克—格恩斯海姆《个体化》,李荣山等译,北京大学出版社2011年版。

第 三 章

数字化场景下主体的塑造

第一节 低端信息技术与跨域社会网络的建立

国家通过一系列机制将新生代农民工个体从传统的范畴中解放出来，并不断地将其塑造为一个独立的、自我指导的理性主体。信息交流技术跨越了传统的交流界限使得交流更便捷，并根据个体的特定需要裁剪信息和选择获得的渠道，可以使个人问题获得个别化的解决。依托信息化交流技术，一种新型的个体化的治理方式正在形成。

社会的技术化是个体化理论关注的议题之一。在第二现代性下，很多平台、运行系统、交往规则等制度并不完全是社会性的，而是社会—技术性的。虽然贝克对基因数据库的讨论也凸显了这一点，但有学者认为，贝克对技术维度的重视程度还不够，对大众传媒和个人媒介在社会关系中所起的中介作用的范围和程度也不够重视。[1] 个体化是一个涉及"位置多重性的问题"，其多重性内在地包含着技术开拓的虚拟空间和网络空间。[2]在信息化社会中，第二现代性下特有的制度，并不完全是社会性的，而是社会—技术性的。本部分回答的是，个体化社会与低端信息技术的结合，甚至是结盟，会给新生代农民工的日常生活带来怎样的影响。

---

[1] ［德］乌尔里希·贝克等：《自反性现代化：现代社会秩序中的政治、传统与美学》，赵文书译，商务印书馆2001年版，第6—12页。

[2] ［德］乌尔里希·贝克、［德］伊丽莎白·贝克—格恩斯海姆：《个体化》，李荣山等译，北京大学出版社2011年版，第29—35页。

一　作为流动增速器中的信息传播技术

历史上发生的每一次科技革命，都在不同程度上引起了生产方式、生活方式和思维方式的深刻变化与社会的巨大进步。信息技术的发展被认为是民族国家建设的一项重要工程。实际上，自20世纪70年代以来，标准化与合理化就成为重建国家政治和经济组织的重要主题，科学思维观念已经主导着政治舞台上技术官僚群体的观念。政府要实现治理的现代化，信息技术变得很关键。科学和技术的发展不仅是领导人建设民族国家持续性努力的一部分，也是执政党及其政府的政治合法性的强有力的基础。

为了顺应互联网的迅速发展，国家有关部门出台了相关文件、设置相应管理机构，例如2008年组建国务院直属的工业和信息化部，下设通信发展司，推动互联网络工程的基础设施建设快速发展。2012年下发的《关于印发下一代互联网"十二五"发展建设的意见的通知》将发展互联网提高到战略高度，明确了互联网的指导思想、基本原则、发展目标、产业发展路线图和时间表等。为保证通信畅通，工业和信息化部等出台了关于电信基础设施共建共享中供电有关问题的通知，并将共建共享情况定期通报。2013年是施行"宽带中国"政策实施后的第一年，中国网民的平均每周上网时长比2012年增加了4.5小时，数字基础设施的不断强化为数字经济发展奠定了重要基础。[①] 中国网络覆盖面迅速扩大、网速显著提高、网络使用时长不断增加。"十三五"时期，中国已建成全球规模最大的光纤和移动宽带网络，行政村通光纤。[②] 移动互联网用户数增加到14.5亿户，2023年，移动电话普及率每百人达到121.0个。根据国际电信联盟的测算和分析，中国信息化可接入性和应用属于全球进步最快的国家。[③] 数字基础设施增加了农村籍子代的"市场运气"，促进了代际收入

[①] 资料来源于中国信息通信研究院发布的《中国数字经济发展报告（2022年）》和《中国数字经济发展白皮书（2021年）》。

[②] 资料来源于工业和信息化部发布的《"十四五"信息通信行业发展规划》。

[③] 杨京英、熊友达、姜澍：《2009年中国信息化发展指数（IDI）研究报告》，《北京邮电大学学报》（社会科学版）2009年第6期。

的向上流动，实现对农村劳动力的数字化赋能。①党的十八大以来，以习近平同志为核心的党中央团结带领全党全国各族人民对全球信息化浪潮给予了积极主动且长久持续的正面回应，取得了信息技术革命的伟大成就。党的二十大报告指出，要加快建设网络强国、数字中国，到2035年，"基本实现信息化"。2018年4月，习近平总书记致信祝贺首届数字中国建设峰会开幕强调，"加快数字中国建设，就是要适应我国发展新的历史方位，全面贯彻新发展理念，以信息化培育新动能，用新动能推动新发展，以新发展创造新辉煌"。在迈入社会主义现代化强国建设的伟大征程之际，建设数字中国成为数字时代推进中国式现代化的重要引擎，是赋能和保障人民美好生活得以实现的应有之义，也是在复杂的数字环境下国家治理体系和治理能力现代化的创新手段。

坚实的电信业基础设施催生了信息社会的崛起。1997年，网民62万人，八年后，全国大部分省区市、乡镇实现互联网畅通，中国网民数量跃居世界首位，达到3.84亿人，手机网民数量达到2.33亿人。2013年11月底，仅移动电话用户总量达12.23亿户。中国电信业的结构也发生转型，由依赖固话业务向移动数据业务转变，移动数据业务收入大幅度增长（同比增长16.6%）。②截至2022年12月，中国手机网民规模达10.65亿，网民使用手机上网的比例达99.8%。其中，农村网民规模达到3.08亿，占网民整体的28.9%，③通过移动电话上网正成为个体与世界连接的主要桥梁。

中国互联网络基础资源建设增长迅速。2009年互联网的国际出口带宽是1997年的约3500倍；2010年的IPv4地址数量全球排名第二，为2.3亿个，比2001年增加2.1亿个；域名数量也迅速增长，比如，2007年国家CN域名日均增长2万个，在世界域名历史上实属罕见。④2022年数量

---

① 方福前、田鸽、张勋：《数字基础设施与代际收入向上流动性——基于"宽带中国"战略的准自然实验》，《经济研究》2023年第5期。

② 周宏仁主编：《中国信息化形势分析与预测（2017—2018）》，社会科学文献出版社2018年版，第12页。

③ 中国互联网络信息中心：第51次《中国互联网络发展状况统计报告》，2023年3月。

④ 周宏仁主编：《中国信息化形势分析与预测（2017—2018）》，社会科学文献出版社2018年版，第14页。

达到2010万个，占中国域名总数的58.4%，中国移动电话基站总数达1083万个，互联网宽带接入端口数量达到10.71亿个，光缆总长达5958万千米。① 中国网络基础资源发展稳中有进，网民可以享用的信息资源越来越丰富。

随着全球手机整体市场开始从高端向中低端市场转变，信息传播技术向中低端扩散，其结果是使大多数中低阶层凭借相对低廉的价格进入信息化时代。这个新媒体可以使人超越面对面交流，打破时空限制，达到更广范围内的想象和相互理解，人的视野也更开阔了，因此被称为流动增速器。随着中低端信息传播技术的普及，中国工业化过程和城市化过程进一步扩展和加速，流动人口的高频率流动也使得流动人口对信息沟通需求的增加，网吧、公用电话、小灵通、短信等多种中低端信息传播技术流行起来，数字鸿沟并不意味着各种社会群体不能够从信息技术中受益。就互联网用户的分布来看，受益是分散的。在互联网兴起之初，互联网大多数是社会的中下阶层，超过10%的用户无收入，而占据了最大比例的约24%的用户，每月的收入在500元以下，② 20世纪90年代兴起的网吧成为低收入者的上网场所，而现在，价格实惠的智能手机则开启了移动传播的时代，它不仅扩散了移动传播技术，还增加了现代社会流动性。随着中低端信息传播技术的扩散，许多信息赤贫者因此转变为信息中下层。对于从乡村流向城市的农民工而言，他们的时间结构和序列趋向割裂、分离，用于互动和集体交往的"集体时间"减少，信息传播技术为解决人们对时空区隔和关系疏离的忧思提供了技术支持。借助互联网、智能手机和社交媒体，人们不仅可以通过文字、图像和音视频等多模态符号进行自我表达，亦能在线上建立和亲朋、同乡交往的空间，卷入同步的时空场景中，建立即时联系、维系并拓展社会关系网络，也为新市民重组社会关系创造了条件。③ 农村网络宽带等基础设施的完善，让摄像头等科技产品也走进了寻

---

① 中国互联网络信息中心：第51次《中国互联网络发展状况统计报告》，2023年3月。
② 牛培源、邱均平：《我国信息鸿沟现状的数字化解读——基于中国互联网络发展状况统计报告（2003~2007）的计量分析》，《情报杂志》2008年第12期。
③ 郑素侠、杨家明：《云端的连接：信息传播技术与乡村社会的"重新部落化"》，《现代传播（中国传媒大学学报）》2021年第5期。

常百姓家，许多外出的年轻人给老家装上宽带、摄像头，这样就能随时随地通过手机查看家里境况，并可以随时通话。2022 年春节返乡期间，笔者遇到中国移动公司的两名女性员工到农户家推广宽带业务。根据笔者观察，村里已经有一半以上的家庭安装了宽带和摄像头。5G 技术的普及推动 ICT 产业进入增长新轨道，中国社会正发生一场史无前例的生产和生活方式的革命。

二 跨域社会网络的建立

跨地域社会网络通过包括中低端信息传播技术、传统的人际交流网络等多种连接形式，它不仅联通了不同地域的世界，而且将现实与网络世界连接起来，跨越了数字鸿沟，进行着商品、服务、信息和情感的沟通，共同构成了一个充满流动与意义的延展空间。这也意味着新生代农民工的网络是有选择的、有意识的、相互协调和联系的集体网络，而非盲流。借助这个网络，他们的流动地域范围得到扩大，流动者之间的社会关系却不一定被削弱，反而得到了加强。

这种跨地域社会网络对新生代农民工起着重要的作用。很多人谈到他们通过家人、亲戚或同乡获得了第一份外出打工工资。在城市生活时，他们与老乡交往密切。

>我是由一个还有点血缘关系的老乡介绍的，他早就出来了，在这个厂里做经理，我去年跟他说想出去打工赚点钱好开虾子店，他就让我去他的工厂里，说我一直在外面跑，做力气活不行而且年纪大了，就做保安，工作很轻松，就是看着监视屏幕，也有很多空闲时间。我安定下来后，就让我女朋友也过来跟我一起打工，也不用在外面租房子，工厂里有个十几平米的房子，免费给我们住，老乡还是很照顾我的。今年过年春节我们都没回家，我和我女朋友请老乡在一个馆子里吃了年夜饭，就是对人家的照顾表示感谢下吧。(C04 – TL)

QQ 是流动者群体中最常见的上网聊天工具。除了聊天，很多打工者还有自己的 QQ 空间，QQ 满足了他们收发文字信息和其他文件的需求，移动QQ更是他们最常用的上网工具。这样的信息交换并不一定限定在特定的人群内部，也可让使用者和自身社交圈之外的陌生人交流。例如，从张家界来打工的个案DHF自豪地谈到自己在QQ上交到的新朋友，"那些网友都非常好，很热心，遇到什么问题，我解决不了，就在网上找他们，他们都会帮忙。还会发一些出游、生活的实用信息"（C17 – DHF）。农民工借助手机媒介维系和拓展着自己的关系网络。

由于他们的流动性强，他们对QQ的黏附性很强，手机号可以因工作、流动等原因频繁更换，但QQ号是他们难得的一个可以多年不变的稳定方式。这样，他们用QQ就可以和亲友一直保持联系，满足其社会交往的需求。虽然它可能不够时髦，但给他们流动的生活带来一些稳定感。农民工借助网络，获得就业信息和生活指南，并促进了与亲戚、朋友和老乡的往来，巩固和扩展了自己的社会支持网络。

三 编织"弱关系"

随着信息网络技术的普及和对互联网与手机等新媒体的熟稔，依靠互联网、广播电视等媒介成为新生代农民工获取就业和培训信息、解决问题的重要途径。1985年出生的小王现在在工地开吊车，但他认为开吊车不能开一辈子。他在农民工贴吧（关注人数2863人，发帖量15000多条）上贴出"找师傅想学工地木工"的信息，现在希望能找个好师傅带带他。而陈师傅从事泥瓦工多年，他曾经在百度贴吧上发出"求活做"的消息："希望借助网络找到建筑活做，包工点工都可以"，而在此"求活贴"下面，有一系列的求工作贴，一个月后，一位张家港的网友回贴，并留下联系方式。从回贴来看，需求描述简洁明了，而且双方都公布了自己的电话。DHL曾在宜春一家餐馆做厨师，他说是在ZJ地方论坛网上看到招聘的信息，"我记下了联系方式，就打了电话给老板，然后与老板约了时间面试，看着我人老实，又有开小车的经验，所以我就成了老板的司机了"（C11 – DHM）。

网络并非农民工获取就业信息的唯一渠道，但通过网络并经过信息的搜寻，他们"看到"劳动力市场的需求及自身能力的要求，这也促使他们继续为能在就业市场上站稳脚跟努力加强自身能力建设。如个案C36 –

ZGQ 依托一个在城建局的表亲做建筑材料的质量监察工作，在做的过程中，发现传统工地钢材等原材料的登记、记录等都是手工计算，非常耗时且常常出错，一个偶然的机会他看到一个技术人员使用了 Excel 表格进行统计计算，很快就给出漂亮的数据和答案来，他觉得很好，就跑到网吧里上网，搜寻 Excel 使用的教程，并勤加练习，终于学成，深得建筑商的赏识，而对软件的熟练使用也让他在工地上有了好口碑。

随着中低端信息传播技术的大规模扩散，新生代农民工的跨域互动加强，新的传播赋权方式也很快出现，同时带来了新的中下阶层网络文化的表达。在东莞工业区的工友当中，短信一度被广泛作为就业信息的重要载体。通过老乡之间的短信交流，民工荒的网络效应迅速铺开。跨域联系帮助打工者可以更好地跟老板讨价还价，通过短信网络联系起来的工人也可以很方便地交换工作信息，然后用脚投票。农民工依托传统的亲缘和地缘等强关系实现了初次流动，新媒体则成为他们再次流动的重要信息源。

由此可以看出，新生代农民工正通过网络和社群网站等嵌入不同的社群中，依托社群中的关系获取就业、生活和消费等多样化信息，进而实现了人与人联系的需求。这不仅可以舒缓讯息超载给主体带来的心理压力，建构得以安身立命的场域，[1] 而且更重要的是，内容、策划者以及受影响的追随者形成了很多小规模的社群。这些社交群体的结构和关系经常会因兴趣不同而重组和更替，一个比现实世界更丰富的生态系统就这样产生了。这对处于数字鸿沟劣势一端的农民工等弱势群体而言，产生了一定的赋权效应，缓解了他们在现实世界中的劣势，突破了现实壁垒，实现了自我与他人联系的可能。

要看到的是，虽然农民工可以负担低端智能手机或其他设备，使用新设备也获得了就业、娱乐、社交等方面的信息，找到了获得帮助和支援的平台，但这并不意味着数字鸿沟和数字不平等的消失。新的技术环境可能有助于缩小数字鸿沟，但也可能拉大数字鸿沟。张鹏翼对新浪微博中农民工主题的内容分析后发现，在最受关注的有关农民工信息的转发用户群

---

[1] 翟本瑞：《策展：资讯社会的社群基础》，《社会理论学报》2013 年第 2 期。

中，只有5%的用户属于新生代农民工。① 此外，由于新生代农民工拥有较少的网络社会资源，粉丝数量不多，信息传播的影响力不强。这反映出新生代农民工现实的社会融合困境，不仅要跨越较低的文化、融合等界限，而且还要跨越城市文化的多元化和宽容性，以及城市生活成本迅速增长带来的社会融合障碍。

四 个体化与新生代农民工主体的镜像化生产

网络等新媒体尽可能地把信息送达社会的每一个个体并形成一个意义回馈系统，一般而言，信息不分阶层、性别等都可以被平等地接收。相比口头信息和纸质传播等传统的传播方式，以网络为代表的新媒体从根本上使得主体的生存方式平等化和个体化了。每个人都成了独一无二的信息源，这也使主体获得了一种绝对的优越感。凭借手机、网吧、贴吧等这些发达的低端网络技术，新生代农民工参与了信息制作、发布和消费的整个流程，不但可以使时刻保持联系成为可能，还拥有了一个吐露心声、自我展现、自我表演的无限空间，并从中体验到了空前的主体感。这实际上是"镜像模仿"。"镜像模仿"是主体自我构建的一种本能的模式。对于农民工的主体构建来言，"镜像模仿"的重要性并不仅仅是自我意识的启蒙，而是开启了主体形成和发展历程中自我构建的基本模式，成为所有次生认同过程的根源，"因为主体借以超越其能力成熟度的幻象中的躯体完整形式是以格式塔方式获得的"。② 网络媒体极大地放大了"镜像模仿"模式在主体自我构建中的地位与作用。在信息媒介"镜像模仿"影响下，主体生成机制开始发挥作用，那些与"镜像模仿"模式一致的方面被"自然"地扩大，直至在传媒中表现为主体的表征。在网络传播中，时空进一步分离，语言的使用基本上与电子书写者的实体身份（地域、性别、种族、社会地位）脱离开来，身份以及主体都在电子交流网络中消散了。在虚拟的网络世界中，用语言符号去塑造和想象自己的身份，并用虚构的

---

① 张鹏翼：《基于网络舆情的数字鸿沟与数字融入问题研究——以"新生代"农民工为例》，《情报杂志》2013年第11期。

② ［法］拉康：《助成"我"的功能形成的镜子阶段——精神分析经验所揭示的一个阶段》，载《拉康选集》，褚孝泉译，上海三联书店2001年版，第91—93页。

角色来进行交流、交往，这似乎正是电子交流网络的狂欢节般的景象。电子书写被抽离了社会交往的现场以至身份变成了想象性的。自我变成了虚构的、多重的。通过"镜像模仿"机制，一个个期待个体化生存的主体被生产出来。

第二节 个体化的技术与风险

随着大众传媒的日益普及，媒介正以前所未有的力量塑造着世界，环境媒介化预示着社会结构正在经历从以工业为基础的社会向以信息为基础的社会转型。在这个转型过程中，媒体不再仅仅是信息传递的工具，而是成为了生活世界不可或缺的一部分。Lee Rainie 和 Barry Wellman 提出的"网络化的个人主义"（Networked Individualism）这一概念，揭示了媒体对生活世界的渗透以及互动模式和组织模式的转变，个体成为认同和社会行动的中心。[1]

一 以自我为中心的个体化网络

"差序格局"是费孝通在《乡土中国》中提出的经典概念，广泛用于描述中国式人际关系网络和社会结构。费孝通使用了著名的"水波纹"比喻来解释这个结构："以己为中心，像石子一般投入水中，和别人所联系成的社会关系，不像团体中的分子一般大家立在一个平面上的，而是像水中的波纹一般，一圈圈推出去，愈推愈远，也愈推愈薄。"阎云翔进一步指出，差序格局不仅包含了以血缘为基础的亲疏远近的差序，更包含了以地位为基础的尊卑等级的差序，反映了社会结构。在长期的历史演变当中，中国人甚至形成了所谓的"差序人格"："如果说团体格局与平等人格互为因果、无法分开的话，差序格局与这种需要不断调整界定的人格也是互为因果、无法分开的。在缺乏更佳选择的情况下，我权且将这种弹性人格称为'差序人格'。越是在差序格局中得心应手、呼风唤雨的'能

---

[1] L. Rainie, B. Wellman, *Networked: The New Social Operating System*, Cambridge: MIT Press, 2012.

人'，越容易拥有这种'能屈能伸'的差序人格；而具有差序人格的个体越多，差序格局的结构也就越稳固并反过来更加有力地塑造差序人格。"①

王斯福对费孝通所提出的差序格局概念进行了拓展，提出了"社会自我主义"的新概念。他认为，尽管差序格局依然是中国社会的显著特征，但其表现形式已在很大程度上发生了变化。这个概念"总是比费孝通所设想的要更加灵活。在任何情况下，它们都不仅仅是血缘关系，还包括友情和朋友关系，在等级关系中期望信任和互惠。因为领导权、阶级和财富的等级关系已经发生变化，因此，差序格局和社会自我主义者的圈子也必然会发生变化"。②

改革开放以后，中国个体的主体性不仅在家庭生活中被培养起来，而且开始在身份证制度、劳动关系制度等制度以及国家的政治话语中被培育和再生产起来，社会的个体化正在发育和发展。新生代农民工为了适应城市的生活，以自我为中心，将现实社会中的朋友、邻居、同事等都纳入自身的关系网络中，而网络社会的崛起和信息技术的社会化也使得这一网络突破了时空的界限，新生代农民工以自我为中心的网络也发生了新的变化。

其实，在大规模的大众网络诞生前，Barry Wellman 等就作出了正确的判断，其中心思想是随着媒介对生活影响力的增强，传统的社会化形式和整合方式正发生着变化，个体生活不再嵌入传统的社区中，而是嵌入相对宽松的、更加灵活和轻便的人际关系网络中。也就是说，虽然个体仍受到家庭、邻里和其他传统关系的影响，但这些关系不再受到物理空间的限制。个体的网络构建跨越了地理界限，新形式的社区正在形成。Barry Wellman 称之为网络化的个体主义正在形成。

对于新生代农民工而言，网络化的个体主义在同辈网络和在线的社区中表现得尤为明显。访问 QQ 空间和社交网站一般的目的都围绕着分享音乐、照片和扩展朋友网络，这些朋友关系是松散的联结，经常是以找到共

---

① [美] 阎云翔：《私人生活的变革：一个中国村庄里的爱情、家庭和亲密关系（1949—1999）》，龚小夏译，上海书店出版社 2009 年版，第 211 页。

② 王斯福等：《社会自我主义与个体主义——一位西方的汉学人类学家阅读费孝通"中西对立"观念的惊讶与问题》，《开放时代》2009 年第 3 期。

同的兴趣或成为更大的兴趣网络的一个分母。在当前社会，年轻人不再完全依赖于学历、社会地位等传统的认同标志，而是开始综合运用虚拟与传统的多种标记来构建自我认同。在网络空间中，他们不再受限于传统的身份界定，而是更自在地表现自我，自由地塑造自己的身份。

正如 Barry Wellman 所言，在网络社会中，边界更有渗透性，与各种类型的人互动、在多层网络和等级之间的互动转换自如使结构也更加复杂。[1] 依托于网络的便捷性和流动性，年轻的个体能够个性化地追求并构建其专业领域的网络空间。他们能够轻松地在不同网络位置间转换，这既可以减少现存结构对他们的限制，也使网络的结构更加复杂，线性关系与节点间的连接更为通达。这都凸显了网络社区结构更强调以个体为中心的认同，而非以阶层、户籍、性别为标识的群体认同。

二 个性化与风险的相互建构

Barry Wellman 的网络个人主义的概念补充了贝克的信息社会越来越个性化的观点。实际上，个性化和风险是相互建构的。无论个体是否想要，个人越来越要对自己的生活轨迹负责。社会行动者必须对多个来源的信息进行理解和解释，并从大量的选择中做出决策。而曾经引导个体决策的传统社会结构变得模糊不清，时空的流动使得这些传统的结构难以给予他们有效的指导。通过网络构建身份，增加了机会和自由，但是也增加了风险。[2]

从贝克的观点来看，风险是技术进步的副产品。在现代化的进程中意外地产生了危险和不安全感，个体试图控制他们周围的环境，他们也在无意中产生了风险。随着传统社会支持力度的减弱，新生代农民工不得不更加独立地、以更快的频率去主动搜寻资源以获得支持，网络日益成为新生代农民工生活的重要调节和引导力量。他们以个体的身份在网络社会中自

---

[1] Barry Wellman, "Little Boxes, Globalization and Networked Individualism", in M. Tanabe, P. Besselaar, T. Ishida eds., *Digital Cities: Computational and Sociological Approaches*, Berlin: Springer-Verlag, 2002, pp. 11 – 25.

[2] Barry Wellman, "Little Boxes, Globalization and Networked Individualism", in M. Tanabe, P. Besselaar, T. Ishida eds., *Digital Cities: Computational and Sociological Approaches*, New York: Springer-Verlag, 2002, pp. 11 – 25.

由穿行，但同时也暴露在各种潜在风险之下。一方面，信息的过量导致筛选和判断的难度增加；另一方面，信息的分散或不完整性又可能引发信息缺失的风险。这一矛盾要求新生代农民工在享受网络带来的便利的同时，也必须学会如何有效管理信息，以降低由此带来的风险。

三 网络赋权的困境

信息技术正通过全球性的工具性网络将世界紧密整合在一起，这一过程中，以网络为媒介的沟通催生了大量规模庞大且形态多样的虚拟社群。在这样的背景下，个体从原有社会结构中"脱嵌"出来，转而以共享的、重构的身份认同为核心，探索并建立新的连接形态。网络在一定程度上"割离"了传统意义上的自我，使得个体在构建自身意义时，无需参照全球性或工具性的外部体系。这与个体化治理的目的不谋而合。个体化的治理目的是要将特定的个体分离开来，能够考虑到个人的渴望、需要和问题，信息和交流技术则提供了一种个别化的服务和解决问题的方式。根据个体的特定需要裁剪信息，构建着自我认同，但这种个别化的获取方式使得个人很难发现结构性问题。

网络等新技术成为塑造新主体的重要力量，但并不意味着摒弃了社会和政治机制。① 实际上，虽然低端信息技术的普及使新生代农民工获得了文化机会和参与机会，但网络的主宰者仍然远离这些"普通人"，创造力和语言表达能力相对不足的新生代农民工很难成为信息传播的中心，多只能作为热闹网络世界的旁观者。在工作中受到的不公和伤害难以引起其他网民的注意，在贴吧等有关农民工遭遇困境的求助中，很少有人给予建设性的意见，而大多数是以类似遭遇为回复的主要内容。网络世界扩大了新生代农民工的公民身份和参与的平台，但这种参与更多地被"娱乐的模式和内容消化与吸收"。② 网络的赋权并不意味着真实权利的获得。个案C11 - LZY 在 2014 年时看到一个朋友做快递生意，认为做快递这块有利

---

① ［澳］格雷姆·特纳：《普通人与媒介民众化转向》，许静译，北京大学出版社 2011 年版，第 103 页。
② ［澳］格雷姆·特纳：《普通人与媒介民众化转向》，许静译，北京大学出版社 2011 年版，第 174 页。

可图，就开始申请加盟，但要开快递公司，需要资金，他首先想到了刚拆迁过的大舅手里有钱，于是向他开口借钱，但大舅担心他生意不好，没借给他，无奈之下，他又去外地打工。C11-LZY 跟笔者谈到此事情时仍不断叹息，而他所不知道的是，亲戚们多认为他整天接触那些不切实际的信息，赚钱的想法很多，一天一个，但都没有正常上班拿工资实际。尽管如此，C11-LZY 依然我行我素，认为他们见识少，跟他们交流比较困难，逛网络刷视频成为他消磨时光、获取信息的主要方式。对基本时事的了解和基本娱乐化信息的接收虽然增加了他们日常生活中的谈资，却无法增强他们在市场社会中的真实话语权，而且在传统社会生活的人眼中，他们更像是不切实际和远离日常生活的空想者，在他们寻求帮助时，会因为他们不切实际的想法而不支持或只给予象征性的支持。

结语

随着网络时代的到来和各种新社交媒体的出现，信息传播垄断的局面被打破了。信息源的多样化必然也带来价值观的多样化，现代公民权利观念由此获得了生长的空间。这些都使得以集体为中心的传统意识形态被大大消解。更重要的是，新媒体的出现及普及化，可能打破了不同阶层之间的空间隔绝，为农民工群体提供了一个前所未有的表达自己声音的平台。新生代农民工凭借中低端网络服务，加强了信息在中下阶层社会内部的流动，建立了以自我为中心的跨域网络。中低端信息传播技术通过引导移民流向、发布工作信息和给流动者提供紧急的支持，进一步促进了更大范围内的城乡之间的人口流动，在微观上部分地缓解了农民工的问题。但跨域网络本身也不一定意味着社会不平等和文化偏见的消除，有些农民工可能继续被边缘化。

第三节　数字平台经济下对自由的浪漫想象

随着新一轮科技革命、移动互联网、大数据、云计算等信息技术的发展和运用，依托平台开展经济活动越发常见。数字平台经济是基于互联网、云计算等现代信息技术，以多元化需求为核心，全面整合产业链、融合价值链以及提高市场配置资源的一种新型经济形态。国家统计局的数据显示，2019年全国"三新"经济增加值为161927亿元，占GDP的比重为16.3%。"三新"经济在三大产业中均有分布，其中第三产业比重最高，占GDP的比重为8.6%。在"互联网+"作为中国国家战略的时代背景下，平台经济被视为社会经济发展转型的重要代表，数字平台经济的蓬勃发展带动就业形式和形态发生深刻变迁，灵活就业越来越成为重要的就业渠道和形式之一。新业态从业人员是以一种灵活、弹性或自我雇佣的就业形式存在，特别是快递、外卖和网约车等行业聚集了大量灵活就业人员。根据国家信息中心发布的《中国共享经济发展年度报告（2021）》数据，2020年中国共享经济服务提供者人数达到8400万人，同比增长约7.7%。其中，平台企业员工数为631万人，同比增长约1.3%。美团发布的报告显示，2020年上半年，美团平台上的有单骑手数达到295.2万人，同比增长16.4%。其中，来自国家建档立卡贫困户的新增骑手近8万人。《饿了么蓝骑士调研报告（2020）》显示，超过一半的骑手拥有第二职业，26%的骑手同时是小微创业者，4%的骑手兼职自媒体博主。此外，2020年之前"饿了么蜂鸟即配"为国家级贫困县提供近30万骑手就业岗位。

随着以互联网为基础的各种新技术手段不断出现，新的工作模式应运而生，传统工厂体制的生产模式被不断解构，拓展出诸如平台经济等多种新的模式。与传统生产模式相比，新的生产模式在"空间"和"时间"两个维度都呈现出新的特征。从空间维度来说，平台经济的弱空间依赖性，使工人的工作场景不再仅仅局限于传统的"工厂体制"，而是摆脱了工厂物理空间的束缚，进入一个相对自由的环境之中。从时间的维度来看，依附于平台的劳动者们不用严格遵守传统"朝九晚五"的上班打卡制度，可以自主选择工作时间段，似乎在劳动时间的安排上享有了较之于传统工人更多的自由。这样的工作特点吸引了个体化社会中不愿受别人管束、渴望自主决定生活方式的年轻工人。与此同时，平台企业不断宣称其能提供"灵活"且"自由"的工作机会，可以让劳动者免于"朝九晚五"的上班打卡制度。为迎合劳动者对自由的追求，资本通过赋予劳动和劳动时间以社交意义,赋予劳动者"时间自主掌控"的感觉和舒缓的空隙等方式,使零工劳动者产生"自由劳动"的认知。劳动者对劳动时间确实拥有相对自由权,但平台通过数字泰勒制、用户评分和评价机制、干预成单率等方式,对劳动者的劳动控制并没有减低,[①] 劳动者陷入过劳、主体性逐渐丧失等困境中。

一 数字平台经济的自由承诺

（一）灵活的劳动时间

随着生产力的进一步发展和技术的更新,电子设备的应用使远程办公成为可能,时间和空间的不断去同步化带来了广泛的社会转变,传统的标准化工业时间呈现出多样化、分散化和个人化的倾向。[②] 弹性工作时间等新型劳动时间制度开始出现,新型劳动时间所体现出的共同特征即工人能自行掌控工作时间,工人劳动时间的灵活性明显增强。劳动时间灵活性的出现,更好地适应了个体化时代劳动者自主意识增强带来的对追求劳动时间自由的强烈诉求。随着互联网技术的发展,平台劳动逐渐进入人们的视野。灵活的劳动时间在平台劳动中被广泛运用并引发了研究者的讨论,它改变了传统劳动的枯燥和不自由,同时也增加了劳动强度和劳动过程中的不安全性因素,而低微的收入也大大降低了灵活性所带来的优势。所以,享有劳动时间的灵活与提升劳动时间量、质的内涵之间并不是二元对立的关系,赋予劳动者以工作时间段的灵活并不意味着资本主动出让了劳动时间的控制权;相反,资本以赋予劳动者工作时间灵活性的方式换取了劳动者的"甘愿"。但是,甘愿不等于满意,灵活也并不意味着自由。

（二）"去劳动关系化"

"去劳动关系化"包括去劳动合同化用工、去雇主化就业、遮蔽事实劳动关系等情形,实质是去除雇佣或从事从属性劳动的束缚。现实中,平

---

① 严宇珺、龚晓莺:《零工经济劳动自由剥夺的实质及应对》,《北京社会科学》2022 年第 12 期。

② [日] 森冈孝二:《过劳时代》,米彦军译,新星出版社 2019 年版,第 2—30 页。

台企业用工"去劳动关系化"现象普遍,就业和收入不稳定,遭遇书面劳动合同不签、劳动关系认定和劳动维权不易、社会保险不缴、劳动权益保障不到位等"权益赤字",既使平台企业面临稳工难和法律风险、网约工面临低质量就业挑战,使平台企业和网约工追求"自治"又依赖"规制",也给劳动法治现代化建设带来新课题。需要注意的是,在网络平台经济出现之前,"去劳动关系化"现象已存在于中国部分生产场所中。网络平台经济条件下,企业外部的交易成本比内部交易成本下降得更快,雇佣模式由"企业—员工"转向"平台—个人",既提高了生产要素配置和利用效率,也推动了企业用工弹性化和劳动者就业灵活化,加剧了"去劳动关系化"的涌现。"去劳动关系化"是市场主体自发选择的结果,有经济、技术、制度等多方面动因。

"去劳动关系化"现象主要包括三种基本类型:一是企业"去劳动合同化"用工。为提升市场响应能力、减少用工成本和编制内用工压力,企业实施不签劳动合同、"不求所有但求所用"的弹性化用工,实行外部劳动力市场主导的灵活的按需雇佣来建立柔性的员工队伍,将相对稳定的标准劳动关系转化为灵活多变的非标准劳动关系,或经由外包、代理、加盟等方式转换为非劳动关系。"去劳动合同化"用工对不少企业来说省钱又省心,日益涵盖平台企业的低中高端职位,有的甚至尝试创建"零雇工企业"。二是劳动者去雇主化就业。部分劳动者特别是新生代劳动者追求劳动自由与工作生活的平衡,寻求摆脱科层制管理下以工厂流水线工作为代表的从属劳动束缚,偏好可将自身人力资本通过大流量的互联网信息平台与多个外部需求方灵活自由对接,可兼职增收,也可充分发挥个人潜能,实现个人多元价值的就业方式。受经济下行压力加大、去产能及技术进步条件下"机器换人"等冲击,部分劳动者特别是低技能者就业岗位减少、发展前景受限,被动地从"单位就业"转向"个体就业",成为基于网络平台提供劳务的自由职业者。三是遮蔽事实劳动关系。为逃避雇主用工义务和社会责任,一些平台企业用经济合作关系和劳务关系等障眼法刻意规避劳动关系,以契约自由之名规避雇主责任,使部分劳动者遭遇"有劳动关系无劳动合同"、社会保险缺失等困境。部分劳动者存在"短工化"或短视倾向,寻求"社保缴费兑现为工资收入"或通过"维权碰瓷""钓鱼式维权"获利,也可能遮蔽事实劳动关系,形成"劳资合意去劳动关系化"。

从劳动力与生产资料结合的视角来看,"去劳动关系化"是对一种经济契约型劳动交换方式的描述或遮蔽,其实质是去除雇佣或从事从属性劳动的束缚。市场经济条件下,劳资要素结合方式灵活多样且复杂多变,不同劳动者与同一生产资料所有者的结合方式可能存在差异,表现为用工多轨制。"基于劳动关系"和"去劳动关系化"共生关联,可以动态转化重组和相互遮蔽,其中转化或遮蔽的只是劳资结合的形式而未改变劳资结合的本质。

(三)基于"自由"意义的劳动选择

新生代群体在职业选择、生活方式、价值观念、情感归属等方面具有明显不同于老一代的特征。他们在现代性的个体主义影响下进行着劳动的自我选择,在"为自己而活"的价值观的主导下,追逐个体自由的意愿十分明确,[①] 表现出强烈的个体权利意识。平台经济的出现似乎为这样的自我追寻提供了契机,其行业特性正好满足了一心追求自由的新生代劳动者的需求。

依据饿了么发布的《外卖骑手群体洞察报告(2018)》,骑手的平均年龄为29岁,"85后"和"95后"是骑手的主力军。青山资本2023年7月发布的《2023年中消费报告》显示,外卖小哥是重要的农村劳动力的承接职业,超过80%的美团外卖员来自县域乡村。从这些特征来看,他们中的绝大多数隶属于新生代农民工群体。随着近年来外卖行业的迅猛发展,越来越多的青年农民工加入骑手的行列。外卖行业以其自由、自我决定劳动时间,吸引着大量新生代农民工的加入。以外卖平台为例,骑手之所以选择成为骑手,与外卖平台在招募骑手时所宣扬的"工作自由"和"月入过万"的口号关系甚密。美团、饿了么等平台发布的骑手就业报告中显示,收入和自由的劳动时间是吸引骑手加入该行业的最重要原因。饿了么发布的《蓝骑士调研报告(2020)》显示,逾80%的此前从

---

① [德]乌尔里希·贝克、[德]伊丽莎白·贝克—格恩斯海姆:《个体化》,李荣山等译,北京大学出版社2011年版,第3—23页。

事工人、公司职员、个体户等职业的劳动者转行送外卖,是为该行业自由的工作时间所吸引。的确,相较于传统的工厂劳作,外卖行业确实具有这两个明显的优势。其一,骑手的工作时间比较灵活。不同于工厂中定时上下班的劳动制度对工人的束缚,外卖行业的劳动时间相对灵活,骑手具有一定的自由掌控劳动时间的权力。其二,相比于其能进入的其他行业而言,送外卖所获得的收入较高。外卖行业的工资以跑单收入为主,遵循着多劳多得的计件工资制度。因跑单时间不受限,一天中的24小时都可以加入劳动,在骑手自由自愿的前提下,只要付出劳动时间,收入还是可观的。骑手大多是20—40岁的青壮年。这个年龄阶段的群体或多或少地要面临成家或养家的压力,还有部分骑手身负贷款,需要面临每月还贷的压力,一份收入较高的工作对他们而言十分重要。加之外卖行业的工资基本无拖欠,完成一笔订单的配送就能即时获得报酬,因此正好与该群体对劳动过程中工作时间上的自由和为了完成劳动力再生产的财务自由相契合,工作时间相对灵活而又能拿到较高工资的外卖行业恰好符合他们追逐个性化的生活逻辑,因此成为他们职业选择的优先项。

冯向楠与詹婧基于对北京市外卖骑手群体进行的调研发现,平台通过数据信息的收集和处理、定价体系和奖惩制度、智能语音助手、大数据下的监控等手段,以及对平等、自由与自主工作理念的宣扬来增强骑手的认同感,并强化劳动过程控制。而骑手则通过合理利用规则、主动合作与抗争、自主选择送餐路线和顺序、搭建"前后台"、寻找成就感等方式减少来自平台的控制,争取劳动的自主性。[1]

平台经济宣称的劳动者自由决定工作时间、工作地点、休息休假等,甚至能够决定劳动供给和薪资水平,可能是以减少劳动权益保护为代价的,如工作不稳定、工资收入水平相对较低、集体行动的可能性降低等。例如借助于互联网这一中介,外包模式让工人变得"去雇主化"的同时,也面临着工作的不稳定性等风险。在快递行业中,快递平台企业借鉴并发展了一整套严密的物流监控体系,对快递工人的劳动过程进行监管,以及

---

[1] 冯向楠、詹婧:《人工智能时代互联网平台劳动过程研究——以平台外卖骑手为例》,《社会发展研究》2019年第3期。

快递工人通过"借力打力"等方式争取工作自主性。平台经济既展现出通过灵活就业和工作自主迈向更加体面就业的未来工作图景,又时刻显露出实施"数字奴役"的严酷现实。传统的控制手段在互联网技术条件下得到进一步强化,不平等进一步加强。一些实证研究表明,部分平台通过大数据算法和消费者评价机制,进一步强化了传统服务业中劳资关系:公司应用程序本身产生的信息和权力不对称作为控制劳动者能力的基础,利用数字技术和算法构建了有利于公司的不对称关系。

二　数字平台对自由幻想的承诺

（一）对工作自主性的认同

虽然专送骑手更多地认为自己是在"打工",而众包骑手认为自己在"赚外快",但是他们都认为是在为自己工作。骑手基本没有底薪,骑手的收入与每天的送单量直接挂钩。因此,骑手只能每天努力工作多接单,才能获得自己生存发展所需的收入。平台对骑手并没有基准额度要求,也就谈不上"超额",这一点并不同于赶工游戏中的超额。为了满足个人和家庭劳动力再生产的需要,骑手唯有努力多接单。由于每个骑手劳动力再生产的经济压力和经济欲望是不同的,在这个意义上,骑手的努力工作程度还是自己控制的。

> 高中毕业后就去温州的工厂打工,加班加点是常事,而且时刻受管,比较压抑,自由一点哪怕少点钱也可以,在平台上干了半年,觉得不错,适合自己,想做就做,时间自由,还可照顾家庭。（C25 - ZY）

在传统雇佣关系中,劳动者遵循固定的工作时间,在工作场所按照雇主的指令从事有报酬的劳动,并接受雇主的监督和激励。而在外卖平台经济中,工人可以自由安排工作时间,选择工作种类,也能够获得更多的工作机会,丰富收入来源。劳动者与平台之间的关系呈现简易、松散、短期化的特征,一个人可能同时在多个平台注册,这就导致了兼职以及多重雇佣关系的出现。无论是专送还是众包,骑手们的工作时间和工作地点都比工厂有了更大的自由。当然，专送的约束更多一点，人格从属性以及组织从属性比众包骑手对平台的依附更高。

（二）对游戏规则的认同

"平台+个人"的用工模式虽然更加灵活化、碎片化，但是劳动者想要进入平台劳动力市场就必须遵守平台制定的规则。[①] 骑手只有遵守平台工作规定，才能有好的工作表现。实地调研发现，平台规则是格式合同，劳动者很难在生产过程和利益分配上有发言权。虽然平台企业认为其与劳动者是合作关系，但是劳动者对双方的游戏规则并没有平等的协商权。对于平台提供的合作协议，劳动者也基本没有反驳或异议的权利，只能被动接受。例如在外卖配送平台上，劳动者对各种计酬规则和奖励政策没有商量的权利。不仅如此，平台还经常随便变换奖励规则，骑手只能被动接受。调研中，骑手们最大的诉求就是提高每单提成价格，但是普遍没有组织起来与平台或站点集体协商。站点管理的专送骑手有底薪，但并没有每天送多少单等基准额度，只是有上线时间的要求，而众包骑手没有底薪也没有上线时长要求。"少迟到，少差评，多接单，平台才会多派单给你。同时也会有额外的奖励。"（C24 - HH）

外卖骑手被纳入平台所设计的接单游戏中，平台各项奖励规则会诱使外卖骑手自发延长在线工作时长，并尽可能完成更多接单量。为促使骑手完成更多的任务目标，平台的奖励规则可随时变化，而不断变化的规则又增添了游戏的趣味性。一旦参与这一游戏，则意味着劳动者对这一规则和奖励体系的认同。

（三）算法控制下的被动"同意"

有学者指出，资本通过技术和算法的劳动支配，可见的雇佣关系和社会关系正在消失，导致劳动过程管理的去人际化，取而代之的是毫无预测和断续零散的劳动过程和时间分配。算法控制导致平台劳动控制"去雇主化""去人格化"，容易给人"没有上司"的感觉。如在外卖平台中，骑手必须接受平台派出的订单，尽管众包骑手有拒绝订单的权利，但这会影响之后的派单质量。并且，平台为骑手的取餐、送餐等每一步劳动过程

[①] 游正林：《不平则鸣：关于劳资冲突分析的文献综述》，《学海》2005年第4期。

限定了时间,甚至要求按照平台提供的导航路线来走。另外,平台还会根据消费者的服务评价进行奖惩。作为中性词的"技术"同作为中性词的"劳动"一样,被予以更多的含义。在算法面前,这反而产生了一种平台公正,即骑手认为所有的数据和记录都是自己导致的,从而产生了"对自己行为负责"的态度,并自发地认同平台的规则,不会因为"觉得不公平而引发劳资冲突"。

与传统劳动中的"赶工游戏""老板游戏""性别游戏"不同,平台企业通过技术赋权,对劳动过程管理的"数据化""系统化""非人格化",使得平台企业对劳动过程的控制走向隐形化。平台通过算法技术与消费者评价系统,以较低的成本强化了对劳动者的社会监督。在外卖骑手的接单游戏中,无论是等单、抢单还是送单,劳动者面对的都是非人格化的、中立的算法系统,尽管控制的形式在变,然而平台不可能放松对劳动过程的控制的本质未变。有学者指出,在当前背景下,应警惕算法、人工智能技术使用背后平台企业的劳动操纵,要与时俱进,通过完善相关劳动法规来切实保障外卖骑手等新型职业人群的相关权益。[①]

三 何以解忧:短视频作为安慰剂

《中国电视剧(网络剧)产业调查报告》显示,2019 年中国短视频用户使用时长首次超过长视频,短视频的月活跃用户达到 8.21 亿人。虽然各种短视频应用百花齐放,但通过调查发现,新生代农民工最常使用的还是抖音和快手这两个 App,梨视频、火山小视频等份额偏少。这些短视频社交平台作为中下阶层青年娱乐放松的主要途径,"低门槛、流量大"的特点为新生代农民工提供了面向社会表达自我的渠道,既帮助其消解融入城市的交流问题,又为其提供特有的亚文化社区和内容表达平台。新生代农民工的短视频的使用主要分为两个方面:一是信息获取与转发,通过消费短视频内容满足自我放松、填补空闲时间;二是内容制作和以模仿或独创方式发表作品。短视频缓解了新生代农民工在社会结构和文化环境中

[①] 邓智平:《"接单游戏"与平台经济中的劳动实践——以外卖骑手为例》,《求索》2021 年第 3 期。

的劣势感，他们不再仅仅是屏幕前的观众，有些还自主创作。

（一）信息接收：娱乐中的内卷化

特殊的生活环境和繁重的工作，加之个体收入与城市消费的不对等，使得网络成为他们的精神食粮。FY 表示，"整天除了接待顾客，就是点货，回到家还要做家务，只有晚上 8 点多躺床上才是自己的时间，刷刷抖音笑一笑，最轻松了"。餐厅服务生 YM 也称，"除非有朋友跟自己约着去网吧，不然就窝在宿舍里玩手机"。有限的经济能力和长期形成的行为习惯导致新生代农民工群体远离旅游、健身等中产阶层的解压方式，上网成为新生代农民工们闲暇时间的主要放松方式，提供情感支持的娱乐内容是该群体缓解压力的"解药"。在考察被访者的短视频使用行为时发现，娱乐是新生代农民工使用短视频的主要目的。用户的媒体接触离不开复杂的社会因素，新生代农民工对娱乐内容的集体偏好，折射出其日常劳作的辛苦。做厨师的 HX 说，"有时候包婚宴连着几场，从早到晚，好累，下班手机往床上一放，刷到睡觉"。来自湖南湘潭的青年 YQM 的工作是在流水线上进行玩具零件组装，一天下来十个小时，他说："一天最高兴的时候是躺在床上刷视频。"

对于新生代农民工而言，移动短视频更大的作用在于提供娱乐。在经过一天重复、繁重的体力劳动后，解压是他们使用短视频最主要的目的，已经没有多余的精力在 B 站、网易公开课等平台上学习新技能。正如青年 YQM 所言，"平时想多赚点就加班，这就是熟能生巧，没啥技术难度"。对于他们而言，很少有学习新技能的必要，其原因在于繁重的体力劳动使得他们身心俱疲，还因为上升渠道堵塞削弱了他们学习新技能的热情。短视频提供的娱乐内容，是他们缓解疲惫、消磨时间的新途径，也助推了新生代农民工群体的阶层固化。

（二）内容创作：影像祛魅下的生产泛化

传统观点认为，新生代农民工在网络世界中主要扮演消费者角色，短视频软件降低了新生代农民工参与大众传播的社会资本要求，为他们表达自我提供了新的渠道。新生代农民工已经逐渐成为"信息原住民"，手机不再只是他们保持社会交往，维持、扩增社会资本的工具，更是他们建构完成生活娱乐、文化消费与生产的场域的方式。所有深度访谈受访者不仅利用短视频进行社交，甚至有过短视频内容创作的经历。短视频软件所具备的低门槛的内容制作技术，使新生代农民工群体获得"技术赋权"，基于简便操作和模板，他们成为短视频软件的创作主体，初尝视频创作的乐趣，更有机会成为"网络红人"以完成社会流动。"主要是好玩，看到别人做得有趣，就自己也做一条试试"，YX 与 YM 是一起长大的好朋友，他们通过模仿看过的内容，制作出自己的第一条短视频。YX 表示，短视频可以记录下自己的生活，与朋友一起去商场时，就会选场所拍一条。YM 称："我会把自己拿手的歌录上去，有时候还会跟别人合唱，在我们这里还挺受关注的。"他们最初创作的目的各异，但作品受到点赞、转发、评论等多种形式的关注会激励创作者。HG 曾发布一条衣物整理技巧的视频，获得5000多次点赞。她表示："很惊讶，没想到会有那么多人看到自己的视频。"此后，HG 经常会利用空闲时间拍摄短视频。但实际上，由于个人社会资本、技术水平的限制，新生代农民工群体制作的短视频内容高度单一化、内容创作中缺乏创造力；同时高质量短视频内容的增多，使得该群体在短视频软件上获得的关注度越来越少，即使是带有"土味视频"标签的快手近年来也正在转型。

（三）基于短视频的社交满足

很多受访者在打工的城市基本没有家乡的亲友。血缘与地缘关系的断裂，带来了异地工作的孤独感。MY 提到，由于寝室人员混合分配，他跟其他车间的人分在一起，平时没有交流，所以在大厂打工期间都是出去跟他人合租，而短视频虚拟社交对孤独具有缓解作用。YF 认为，"玩短视频的时候，能看到跟自己差不多的人"。短视频作为一种"媒介瞬间"的记录工具，其纪实类内容离不开创作者的生活环境，相近的场景容易引起观者情感的共鸣。YM 两年前通过发布一则自己做月嫂的抖音视频结识了一位工友，之后她们互相提供招工信息、分享经验。HY 通过自己发布的唱歌视频认识到了喜欢民谣的同城伙伴，经常一起网络合唱，还会线下一起去网吧。YM 称："抖音会让我遇到相似的灵魂。"短视频软件缓解了新生代农民工群体进城后的社交孤独，通过情景共鸣帮助该群体建立联系。

新生代农民工群体话语权的缺失使其丧失塑造自我身份的能力，作为被阅读的"他者"形象出现在大众媒体中。一些受访者表示，他希望别人通过短视频认可自己，"我收到粉丝送我的小礼物的时候，就觉得很有成就感"。社会网络的内卷化使新生代农民工难以融入城市，加之与父辈文化间的代际隔阂，使得新生代农民工不得不在对比中构建属于自身群体的身份认同。新生代农民工因缺少相应的社会资源而难以身体力行地体验城市生活，所以依赖于短视频的内容来了解和认知城市。同时，长时间的"刷屏"为他们的内容创作提供了模板。新生代农民工在融入城市文化的同时，需要摆脱旧时代的标签，通过模仿来获得虚拟的城市居民体验感。与此同时，新生代农民工通过生活纪实甚至"土味视频"的制作，向社会传达了自己的生活景象与诉求，其根本原因在于自身物质基础难以满足内心的精神需求，企图通过在网络空间的表达获得认同。

总之，新生代农民工通过探索与模仿完成了对短视频社交软件的学习与使用，通过内容生产、消费等行为，形塑自身亚文化社区，获得社会的关注和认同，并将其转化为社会、经济资本，甚至部分新生代农民工借由短视频内容输出实现了阶层间信息的流动。但是，受限于社会条件，新生代农民工群体想要在短视频商业机制下获得主体性，争取表达自身利益诉求的话语权，需要更多的努力。此外，由于短视频逐渐实行系统化的商业运营模式，新生代农民工碎片化的自我意识的表达和朴实的运营技巧，使得他们的话语表达在头部效应见长的短视频传播机制中处于边缘地位。此外，在短视频文化工业机制运作下，该群体的自我呈现愈加商业化，很难从社会意义上展示当下新生代农民工的现实状况。新生代农民工看似借助短视频软件实现"对话社会"的夙愿，但其社会生产逐渐沦为短视频产业链中的"螺丝钉"，成为平台积累流量的数字劳工。

四 "权益赤字"与风险自担

以外卖骑手、快递员和网约车司机为代表的从业者通常处在危险系数较高的工作环境中，这些具有较高保护需求的从业者理应具有健全的保障体系来保护其生命权和健康权，然而，平台企业利用面向新型雇佣关系法规的暂时缺位，通过模糊劳动关系巧妙规避从业者社会保险费用的缴纳，从业者在遭遇职业风险时也难以明晰担责的主体，有时不得不通过非制度化的渠道来表达自己的权益诉求。

（一）平台企业规避社会保险费缴纳

平台企业通过模糊用工关系以避免和从业者建立正式的劳动关系从而规避社会保险费用的缴纳，这是从业者劳动权益保障缺位的直接体现。在平台经济中，从业者和平台企业签订的书面合同多种多样，如承揽合同、合作合同和劳务合同，甚至还有承包合同，但上述的合同类型和劳动合同有着本质的区别，从业者往往会以为签的合同就属于劳动合同。平台企业以此来降低运营成本，逃避社会保险责任。这种做法导致从业者无法享受到应有的养老保险、医疗保险等社会保障，增加了其生活风险。同时，这种非标准的劳动关系也让从业者在维权时面临诸多困难，劳动权益难以得到有效维护。因此，加强平台企业劳动关系的规范，保障从业者劳动权益，已成为亟待解决的问题。

（二）面向新型雇佣关系的法律缺位

中国现行劳动法体系的一大特点是将社会保险和劳动关系相关联，即如果劳方和资方签订劳动合同就等于确立了正式的劳动关系，企业就需要为劳动者缴纳社会保险费用来保障劳动者的合法权益。例如2011年开始实施的《社会保险法》对养老保险、医疗保险、工伤保险、失业保险和生育保险进行了详细规定，但其缴费主体均为"职工"，即建立在传统雇佣关系基础上的劳动者。《劳动合同法》都没有解决社会保险与劳动关系的联系，针对灵活就业人员的法律保障相对不完善。平台经济的出现和繁荣使得灵活就业的人员数量空前增加，而现行《劳动法》的基本框架却依然维持着传统的二分法：有劳动关系才有社会保险，没有劳动关系就无法享有法律规定的合法权益。这里似乎出现了一个悖论：一方面是先进的劳动立法和完备的职工社会保险制度，另一方面是缺乏面向大量从业者的法律保护。由于平台企业的用工方式较为特殊，从业者大多通过平台企业自主接单承接工作任务，他们与平台企业的关系有别于传统的"企业＋雇员"模式，从业者难以纳入现行的劳动法律法规保障范围。

（三）非制度化的权益诉求表达

制度化的沟通协商机制是从业者表达权益诉求的基本渠道，它可以有效照顾各方利益，同时释放冲突的破坏性动能。然而，在制度化的诉求表达方式缺失或者不够通畅的情况下，从业者就会采取非制度化的方式来表达自己的利益诉求，如罢工、集会抗议等集体性行动。调查表明，外卖员受伤之后，有67%的外卖员会选择什么都不做。除了怕麻烦，外卖员还担心表达权益诉求的行为会导致自己面临被配送点站长开除的风险。部分从业者还表示如果自己主张保险的权利，他们会被减掉和收入高度相关的积分，甚至被关掉账号。因此，从业者往往选择不报告轻微的事故，也不向平台企业索赔。由于平台企业的强势地位，当从业者就自己的利益诉求通过制度化的方式和平台企业进行沟通时，平台企业的回应要么不及时，要么就是没有价值，甚至是不予以回复。因此，从业者转而选择通过罢工、抗议等非制度化的方式来发出声音，表达自己的利益诉求。通常组织者会在线上率先进行集体性行动的动员，当抗议者数量达到一定规模的时候，组织者就会将抗议转移到线下并借助社交媒体扩大罢工抗议的范围，动员更多的人员参与进来。从业者希望通过非制度化表达的方式给平台企业施压，从而获得来自平台企业的有意义的回应。

为促进平台经济健康发展，国家对平台经济发展政策也从初期的包容性审慎监管向规范治理的转变。国务院办公厅于2019年8月出台了《国务院办公厅关于促进平台经济规范健康发展的指导意见》（以下简称《意见》），《意见》指出，要对新业态"实行包容审慎监管"，"对一时看不准的，设置一定的'观察期'"，"防止一上来就管死"，"鼓励发展平台经济新业态"，"优化平台经济发展环境"。《意见》释放出中央政府对平台经济持包容性审慎监管态度的信号，并且给平台经济的发展提供了政策支持，使得互联网平台企业有足够的动力和空间去推动新业态的发展。尽管文件也有提及对从业者权益保障的内容，如明确平台企业在劳动者权益保护等方面的相应责任，保护平台企业从业人员权益，抓紧研究完善平台企业用工和灵活就业等从业人员社保政策等。但是，平台经济作为促进经济发展的新引擎，在带动灵活就业方面拥有独特的优势，因此，在平台经济的竞争加速阶段，政策导向更多是从平台经济对培育新的经济增长点、带动创业和就业，以及推动产业升级的角度对平台经济的发展做出规定，相对而言，从业者的劳动权益保障未能得到足够重视，与从业者劳动权益保障相关的政策法律暂时处于缺位状态，导致从业者的劳动权益在被侵害时陷入无法可依的困境，使得劳动权益保障薄弱。①

2020年以来，平台经济由"竞争加速阶段"进入由政府为主导的"规范治理阶段"。2021年7月，人力资源和社会保障部、国家发展和改革委员会等部门联合印发了《关于维护新就业形态劳动者劳动保障权益的指导意见》。从权益保护、企业责任、职业发展等层面进一步明确了平台企业方和劳动者的权利义务关系，弥补了新就业形态劳动者的制度短板，尤其强调对零工工人基本报酬权、休息权和职业安全的保障。2022年3月，国家发展和改革委员会印发了《"十四五"数字经济发展规划》，指出数字经济是促进公平与效率更加统一的新经济形态，明确提出要进一步健全灵活就业人员（零工工人）参加社会保险制度和劳动者权益保障制度，探索建立新就业形态中平台企业劳动保障信用评价、守信激励和失信惩戒等制度，避免平台将过多的劳动风险转嫁给零工劳动者，切实保障他们的基本权益。在新型劳动秩序下，要实现零工劳动中公平与效率的并举，需要政府、平台、劳动者、社会组织、工会等在内的多元主体参与其中。②

五 平台规制与劳动者的权益保护

由于平台经济的灵活用工新模式，平台经济很多劳动者无法按照传统的劳动关系/非劳动关系的二元划分进行归类，基本处于无权利保障的状态。劳动者在与平台的关系中处于弱势，极易受伤害，如有损身心健康的超长工作时间、劳动过程中受伤等。但把从业者全部按劳动关系来保护，也是不现实的，这会扼杀平台经济的活力，最终使劳动者失去就业机会，影响其生存权，因此，应该在保护劳动者和平台发展之间保持动态平衡。从权利保护的角度出发，平台经济中的劳动者当然应该享有所有的基本人权。从《劳动法》的角度来看，主要涉及的是国际人权法意义上的社会权利，包括工作权和与工作相关的社会保障权。权利内容的具体标准主要

---

① 岳经纶、刘洋：《"劳"无所依：平台经济从业者劳动权益保障缺位的多重逻辑及其治理》，《武汉科技大学学报》（社会科学版）2021年第5期。
② 易承志、龙翠红：《风险社会、韧性治理与国家治理能力现代化》，《人文杂志》2022年第12期。

见于联合国制定的国际人权法律文件、区域层面的人权公约，以及被称为国际劳工组织人权公约的关于就业歧视、禁止童工、强迫劳动和工会权利的八大核心公约。

（一）为平台中的"第三类劳动者"创设国家保障机制

缺乏与就业相关的社会保障是平台经济中"第三类劳动者"面临的主要困境之一。如美国学者所提出的"独立劳动者"理论所述，处于"中间类型"的劳动者需要适合其特殊性的保护方式。从人权视角出发，国际法中的社会保障权要求国家为所有劳动者提供社会保障以抵抗失业、伤病、年老等风险，这当然也包括平台中的"第三类劳动者"。但是，社会保障权作为一项人权的义务主体是国家，并非雇主。从这个角度看，国家完全可以为平台中的"第三类劳动者"单独创设一套适合其职业特点的社保机制，结合中国现行的社保体制和保护劳动者基本权利的要求，可以采用强制参保和自愿参保相结合、缴费比例可灵活调整的多样化社保模式来保障平台中的此类劳动者。这种模式追求的目标应该是帮助独立劳动者抵御社会风险，而企业承担其应该承担的部分。[1] 研究认为，政府既不宜推行全盘规制，也不能无所作为。政府可以通过一种助推型的规制来诱导市场主体做出合理的选择，从而达到规制所希望实现的目的。用泰勒和桑斯坦的话来说，就是"通过一种可预见的方式来改变人们的行为，同时又不会禁止他们的其他选择，或者显著地改善他们的经济动机"。[2] 中国对平台经济与零工经济的规制也可以采取更多的"助推型"规制政策。例如，国家可以鼓励平台企业对劳动者进行有效的保护，在不影响劳动力自由流通和市场公平竞争的前提下，国家可以对某些为劳动者提供恰当保护的企业有一定的奖励措施，鼓励平台企业与其员工建立更为长远和良性的合作关系。毕竟，企业为劳动者提供的各种保护措施并不仅仅是企业的一种负担，如果换一个角度，这种负担其实也是一种长期的投资，有利于培养员工对企业的忠诚度和归属感，同时也有利于企业之间的良性竞争。

---

[1] 陆海娜、陈以恒：《社会权利视角下的平台经济"第三类劳动者"保护》，《人权》2020年第1期。

[2] ［美］理查德·H.泰勒、［美］卡斯·R.桑斯坦：《助推：事关健康、财富与快乐的最佳选择》，刘宁译，中信出版社2009年版，第6页。

(二) 延伸工会手臂，保障劳动者集体协商的权利

与传统经济中的劳动者不同，平台中的"第三类劳动者"较为分散，在工作条件、报酬等方面基本没有任何议价能力，在遇到纠纷时也很难由个人与平台进行协商或调解等较温和的方式解决，而诉讼成本对劳动者来说非常高昂，对平台来说应诉也是耗时低效有风险的行为。根据中国的经济社会法律现实，实现这种权利的最佳方式是由全国总工会进行指导推动，由各级工会组织独立劳动者与平台进行集体协商。《工会法》没有将"与用人单位构成劳动关系"作为工会资格的要件，只要是"以工资收入为主要生活来源的劳动者"就可以加入工会。根据《工会法》第三条，享有参加和组织工会的权利主体是"以工资收入为主要生活来源的劳动者"。工会会员的资格并没有与劳动关系相捆绑，这也是平台劳动者能够加入工会的法律依据。显然，《工会法》为保护平台中的"第三类劳动者"提供了法律上的支持。工会不应受传统劳动关系的资格限制，而且还可以利用网络平台的优势为劳动者提供权益保障。可见，由工会主导到与平台进行集体协商，以便维护平台中的"第三类劳动者"的合法权益，是必要的，也有法律依据。

(三) 平台企业应当建立科学的劳动安全保障机制

每一位劳动者都应该享有公正良好的工作条件这一基本权利，而安全、健康的劳动环境是平台对所有为其服务的劳动者都应该提供的，无论劳动者与平台处于何种法律关系或是否在不同平台间切换。从平台的利益来看，为劳动者提供合理的劳动安全保护能够获得劳动者的信任以及更为良好的社会声誉，这对平台的长期发展也是有利的。例如在交通高峰期设置派单阈值，以间接的方式保障"第三类劳动者"的安全执业环境。合理工时、带薪休假、公允报酬等可以根据"第三类劳动者"的从属性程度，以及工作的持续性程度等由法律作出相应的安排，更灵活、更符合不同平台自身特点的方式则可以促进劳动者与平台进行集体协商，毕竟劳动者最了解自身的需求，而平台最了解行业的需求。对于这些具体的权利实施途径，国家应摆脱家长式的立法思维，避免包办，尊重劳动者的意愿，积极发挥工会尤其是行业工会的作用，促进集体协商。

结语

随着经济全球化，新的经济秩序逐渐克服福特主义的"刚性"，表现为一种"弹性的积累"——在劳动过程、劳动力市场、生产和消费模式上都表现出充分的"弹性"。[①] 新的生产组织方式使用灵活多样的机械和高技能的劳动力，小批量地生产特殊化的产品，满足多样化且不断变化的市场需求，从而最终兼顾生产效率和规模经济效应。与此相适应的，资本用工需求的廉价、短期、去福利化，使其生产组织过程和劳动生产体制不断走向弹性化。尽管网络平台下资本对大众跨时空动员的过程中，充满了对个人自由、机会和梦想的想象和建构，但是在这些想象的背后可能存在劳动控制。这种劳动控制以极大的弹性和限度将大众的创造性活动（创造力与闲暇时间）纳入生产过程中，使平台资本实现了跨时空、跨阶级的弹性积累和新形态的垄断控制，模糊了真实的劳资关系。

---

① David Harvey, *The Condition of Postmodernity: An Enquiry into the Origins of Cultural Change*, Oxford: Blackwell Publishers, 1989, pp. 120 – 139.

第 四 章

主体策略性嵌入：时空体验与风险应对

在城乡二元结构仍然存在的情况下，一方面，性别、身份、地域等集体的中介性因素仍影响并改变着个人的生平和体验；另一方面，个体化过程中出现的灵活性、时间压缩等现代性特征渗透到新生代农民工的日常生活世界中，家庭责任、职业和地方关系具有了流动性特征，现有的等级结构与个体化过程一起形塑着新生代农民工的个体传记，使得他们的个人传记有了多重来源，个体化过程的强度和质量也将会受到这些已嵌入个体化过程中的结构性因素的影响。个体化的过程可能是普遍性的，但个体的经验会呈现出异质性。这一点并没有被贝克充分地意识到并展开，因为他忽略了文化、历史和地域的差异。[1] 作为社会能动者，流动人口有其自身的意向、欲求、文化和价值观，因此，他们并不会轻易接受或内化在城市的从属地位。在中国社会个体化进程中，身份证制度、劳动力市场和信息技术等制度和机制在一定程度上淡化了结构性不平等的程度，个体有了更多的自主选择，并形成了个体性和独特性的幻想，在社会实践中有可能形成不同于公共领域对他们自我的感知和社会归属感。但需要注意的是，新生代农民工个体的这种"自主"选择是在不安全和不确定的情况下做出的，其被迫成为一个自我提高和自我负责的个体，不得不在日常生活中应对不确定性。在这个过程中，新生代农民工个体的自我认知发生了怎样的变化？对不平等的日常体验是怎样的？在个体化社会中，他们又是如何应对

---

[1] Carol Ekinsmyth, "Professional Workers in a Risk Society", *Transactions of the Institute of British Geographers*, Vol. 24, No. 3, 1999, pp. 353 – 366.

这些风险的？本部分拟从新生代农民工的日常生活世界出发，回答上述问题。

第一节　体验时空：新生代农民工的日常生活世界

一　外出打工，体验不同时空

自 20 世纪 90 年代以来，随着城市发展对劳动力需求的增加，越来越多的农村青年开始到城市做临时性的工作，他们往往要花很长时间找工作。在外打工，本质上是为了获取工资而进行的劳动。此时，个体的工作时间安排并非由自身的内在需求或其他事务性工作所决定。在历经重重艰辛之后，个案 MT 终于成功开了一家属于自己的线下鞋店。

> 现在开个鞋店挺不容易，我是新手，没有经验，有时候连着几天不开张，尤其是遇到天气不好的时候。但做这个工作，我可以自己做主，我愿意什么时候工作就什么时候工作，生病了心情不好了，就不干，就休息，也不用看别人的脸色行事。但在一个按天计算的劳动中，我可就没有这种自由了。(C13 – MT – F)

个案 HY 找工作和工作的经历如下。

> 我曾经去过 R 市，但很快回来了，因为在那儿找不到什么活儿干。找了一天的工作，也没找到，还挨饿了一天。后来我就来到了这里，最后找到了一个工作，工作了 11 天后我就回去了。(C14 – HY – M)

像个案 HY 这样的人很多，他们拥有较少资源，没有能力与劳动力市场讨价还价，他们的乡城之旅很容易中断或结束。在他们工作的地方，特别是在按小时而非按件数来支付工资的地方，老板的监视和粗鲁的行为使得他们难以忍受。

> 我第一次外出打工时去割稻谷，五天赚了 600 块钱，老板供饭。

我们一般都待在他们空闲的房子里。夏天时，这里很热，晚上睡不着觉，白天也打不起精神。老板还会不停地唠叨，说我们工作做得不好等。他对我们一点都不好。(C15 – MY – M)

后来 MY 向他姐姐借了钱，买了个小货车，开始在街上贩卖水果。他现在已将自己定位为一个商人或生意人。他注意到，"卖水果还是有利润的，我也有很多自由，早点晚点也没关系，没有人会扣你的钱，也不用看老板的脸色，我还挺喜欢做这个生意的"（C15 – MY – M）。

外出打工的经历使得很多新生代农民工对时间有了新的体验。汤姆森讨论了（机械）时间规制和观念问题，认为资本主义系统地利用了时钟时间（在吉登斯看来，时钟体现了一种虚化的时间的统一制度）来管理工人，工人逐渐将时间的规制内化到日常生活中，并形成了习惯。[1] 在这里，时间被看成客观的、可测量的、具有很高价值的商品，时间的商品化成为现代生活的一部分，刚性的工作时间规制破坏了个人生活的完整性。随着劳动分工、劳动场所的监督、时钟、金钱刺激以及相关的道德训诫和学校体制的产生，一种新的时间纪律开始形成，这就是汤普森所说的时间规训过程。前人重视对时间结构性的一面即时间的量的研究，假设时间是一种硬性的、同质的、已经商品化了的客体。但对于时间的质缺乏足够的重视，也就忽略了对时间的主体——人的主体体验，而这恰恰可能会改变对时间的意义的理解，从而可能使得时间具有差异化的特征。从农村到城市打工，在很大程度上是从农业时间转向城市时间（或工业时间）的过程，城市社会时间不断冲击着他们的生命体验，农民工是否也经历了一个被规训的线性过程？如果将新生代农民工对工作时间的主观体验和感受置于日常生活中，那么他们的工作时间未必是一种抽象的权力控制，也可以被新生代农民工所利用，通过在工作场所嵌入自己的社会关系与活动，就可以完成对工作时间的重构。

---

[1] E. P. Thompson, "Time, Work-Discipline, and Industrial Capitalism", *Past and Present*, Vol. 38, 1967, pp. 56 – 97.

我进的是一家小的电子厂，就是给一些汽车做零配件组装的，小厂自由些，有事只要跟老板请个假就可以了。小厂同事也熟些，工作时大家讲讲笑话、吹吹牛，一天就过去了。工厂管理得也不严，是计时的，不是计件的，一天干八个小时，所以一点都不紧张，上午上两三次厕所时间也就过去了。计件的就不行，看人家不停地做，也恐怕自己做得少了，月底拿的钱比人家少（自己）就会不舒服吧？计时的就不存在（这么拼命）。（C16－WCY－F）

劳动时间尽管漫长而枯燥，但受访者们往往会把它分成若干段，每一段都有特定形式的社会交往信号，类似于WCY所说的"上厕所时间"等。劳动时间循环往复也代表了不同活动主题的变化，这些活动使得工作日成为一系列有规律的社会活动。它吸引着新生代农民工的注意力，不会让人感到枯燥，于是漫长的一天就被打发掉了。正如张乐天等的研究所显示的那样，在很多情况下，农民工并不把工作时间理解为抽象的权力控制机制，他们的主动性不是在工作空间中对时间的反抗与歪曲，或为维护权益而进行的联合抗争，[①] 而在于农民工将他们个体的体验和意义嵌入充满社会关系的劳动时间中。这样，工作时间就缺少了严格的量的划分，工作时间的结构被打破。随着规律性的社会交往，不同于工作日的社会结构出现了。

打工自由些，单纯些，我一天干完8个小时就可以了，不像在家里，一天有做不完的农活，赚不到钱，又把人捆绑在那里，不舒服，在这里多舒服啊。现在和小谭（丈夫）在外租住，他是独生子，在家的时候什么都不会做，现在来深圳几个月，他已经会自己洗衣服，还会晚上做好饭，我下班回来就可以吃了，这是在家从来都没有过的事。他也会把单位发的水果拿回来给我吃，你看我现在又胖了，工作清闲，又不要做家务。在这里干完一天，晚上还可以逛逛街，看看电

[①] 张乐天等：《进城农民工文化人格的嬗变》，华东理工大学出版社2011年版，第12—15页。

视什么的。虽然是出租房，条件没有家里好，但在他（丈夫）家里待了几个月，人就像傻了似的，好房子有什么用，没意思。另外，他家里特别好客，一年到头都有客人在家里，我整天忙着接待、做饭，去街上买菜，我不愿意做这些事，我还是宁愿在外面待着。（C17－YM－F）

正是在这样的期望之下，受访的新生代农民工不都是追求一件一件工作的"量"、或是一秒一秒的时间的"量"，换取相应的时间报酬，也不都经历着充分"开发和利用"时间的"现代性体验"以及所感受到的紧迫感和焦虑感。而在传统农村的时间体验中，除了农忙时节，很少能体验到时间的挤压感，时间的间隔是模糊而粗略的。在生活中，人们往往用特定的具象的行为来表示时间的长短，或者以时辰为单位，也不存在工作时间和生活（休闲时间的严格区分），而这种模糊性让青年人感觉到已经脱离时代轨道，让很多受访者抱怨"家里生活烦琐"。因此，在受访者看来，农村并不是城市人所想象的惬意的田园风光，传统的农业既带来与大自然的亲密接触，也意味着干着无休止的农活。从事农业的人大多时候都处于一种潜在的工作状态，没有明显的闲暇时间，而城市打工的现代体验让他们对时间有了不同的认识和期望。在城市工作，个体的时间分为工作时间和生活时间两大块，朝九晚五的工作使得他们从与农业劳动的无尽联系中解脱出来，开始有了生活时间，真切地感到自己跟上了时代发展的步伐，他们可以用特定的活动或特定的信息来填充这些属于自己的时间。城市生活空间的开放也扩大了他们对生活时间内容和形式的选择范围，他们可以去逛公园，有时间琢磨自己的喜好，空暇时间就在诸多的选择中很快地度过了。

金钱与时间发生联系。农业生产是一种风险投资，受到气候、市场的影响很大。2021年，笔者对春节返乡的农民工进行调查时了解到，农村种植受到市场影响很大，比如柑橘大丰收，但由于种种原因卖不出去，结果投入柑橘生产的成本都无法收回。贱卖又不合适，因为还有采摘费、搬运费。有的农户为了省去人工，就干脆不采摘，任其挂在树上。

> 一年干到头，收入是可以算得出的，就是那么几千块钱。农业的钱不好挣，更别想发财了。而在城市里就不一样了，城市里"活钱"多，我这工作（快递员）有保底工资。另外，你吃得起苦，干得多，赚得多。说句不好听的，一个月就可以赚到你在农村里一年的钱。这活也不累，可以跟各种类型的人打交道，也自由。(C18-XJS-M)

追求"活钱"成为许多新生代农民工外出打工的金钱品位。打工者关于"死钱"和"活钱"的区分，同时形塑着他们的时间体验。城市的"活钱"不仅意味着钱的数量多、可预期性强、周期短，还与社会发展的关联度大，挣"活钱"意味着他们在时间上与"发展"或者与时代"同步"。钱是流动的，可以一边攒钱一边花。由于工作较为稳定，这个月花了，下个月还会挣到，因此可以放心地花，在某种程度上不断证明着自己的价值；而"死钱"则意味着时间停滞。

> 在农村，今天挣得到钱，明天可能挣不到钱，所以不敢花钱。不敢花的钱，长期不动的钱，就是"死钱"，比如一个家庭为了孩子学习要攒钱，这个钱就是"死钱"。另外，挣不了多少钱，都是打工挣点小钱，零花钱，贴补家用的，也舍不得花。因此，农村的钱不就是"死钱"吗。农村的钱一般都存定期，三年或五年的，叫"死期"，没有特殊情况，是不动这个钱的。(C19-XL-F)

在农村，新生代农民工认为时间是停滞的，是混日子，反而产生时间过度剩余的焦虑。为了克服这种焦虑，他们会在回乡的短暂时间里打麻将、打牌，通过这些方式实现时间上的流动。他们对城市的"活钱"和流动的时间有着深深的渴望，在城市里，他们不仅对"活钱"有了深刻的认识，也增强了他们赚钱的紧迫感。

二 工作和价值

小商贩（C15）的叙述表明，时空的转换使得他们远离屈辱感和时钟时间。卖蜂蜜、糕点或雇个车子托运货物和人等，拥有自己的生意或跑运输，也会有困难甚至是危险，但可以使生活得以继续，也意味着他们不必忍受雇主和恶劣的工作环境。不同的工作过程不仅创造出不同的关系空间，而且产生了完全不同的价值观念，也就是说，空间的竞争不可避免地与价值的理解方式相联系。这种价值不是通过竞争来最大限度地提高盈利能力，而是在有限的空间临时性中获得尊重和社会地位。

随着中国城市化的进一步推进，更多的劳动力向城市转移。建筑业是中国目前吸纳体力劳动者最多的行业之一。每种付薪工作和每种工作体制都有不同的空间。个案 AD 从中学辍学后，就开始了外出打工的生涯，他说他喜欢这种生活。他和他的老乡们在一个学校里做装修，在那里，他学到了很多如何教育下一代和如何规划自己人生的知识，在一天的工作结束后，他很享受自由自在的散步时光。

建筑工地的工作虽然很辛苦，但年轻的农民工仍然选择在工地工作。工地上的工作是一个没有像家里一样受到监视和控制的空间，所以，去做工被理解成为"自由的"临时性空间。

> 我从 16 岁就在工地里干活，这是份非常重的活儿。一天工作十多个小时，如果让你一口气工作 3—4 天，你就无法起床。至少需要休息 5 天后，疼痛才能消失，晚上都睡不着觉。(C08 - AD -21)

AD 是众多打工回来后身体资本下降中的一个典型，他们需要一个漫长的康复时间。而且疾病在绝对的空间和时间中是常见的，时间越久，疾病越严重，医疗费用很高。由于是临时雇佣，大多数农民工与雇主多只有口头的合约，而没有签订受到《劳动法》保护的书面合约，雇主自然不会为他们缴纳工伤保险和医疗保险。这样，高额的治疗费往往使他们债台高筑。城乡时空上的不平等使得很多人需要用自己的身体承担更大的风险，以及由此可能带来经济风险。他们也曾试着管理自己的身体，在疾病侵扰时，寻找保持健康的方法，随时增减衣服，有些人还会在做危险工作前穿上红色内衣以辟邪。不过硬生生挺过来，拖延看病时间是常见的应对策略。

个案 BJ 回忆了自己在深圳的工作。为了更快工作，他经常需要不顾或忘记自己的身体,忘记一天工作的身体成本和工作对寿命的影响。

> 每天天没亮我就要去工地,就这样开始了一天的工作。然后,继续工作,中午时没有休息时间的,因为工作是合同的,越早干完越好。到下工的时候,都累坏了。(C20 - BJ - M - 22)

在缺乏保障的劳动市场,农民工容易遭遇各类疾病与健康风险的冲击。国家有关部门组织开展的全国职业病防治情况专题调研结果显示,每年各类工伤事故死亡中,农民工占据很大一部分。受访者表示,他们也会感到焦虑和不安。

三 能力与抱负

尽管社会的个体化迫使个体对自己的问题负责,但这并不意味着由个体来解决随之而来的问题。实际上,许多社会问题仍是结构性的,个体化过程充满着紧张和矛盾。很多受访的新生代农民工认为,他们经常处于压力和焦虑中。有研究表明,新生代农民工存在自卑心理、孤独(排异)心理、逆反(越轨)心理、淡漠心理等非健康心理。新生代农民工大多刚走出校门,对自己和家庭的未来充满着幻想,职业道路尚处于起点阶段,其发展道路上充满着很多不确定因素,对未来的担心、害怕和焦虑,承受着工作和生活的压力。这些都对青年农民工的健康造成影响,很多受访者反映自己经常感到精疲力尽,缺乏足够的睡眠,有时间要好好睡个长觉是他们最大的愿望。

流动行为和流动相关的经历体验在很大程度上影响着个体的精神健康状况。世界卫生组织的报告显示,流动通常不能带来更好的整体健康状态,它经常会使迁移者面对非常多的社会压力。大多数研究者认为,农民工精神方面的不良症状比全国平均水平严重,其精神健康需要得到更多的关注。个案 SYZ(C05)家里条件在农村属于中上等,她无心学习,总担心会发生恐怖的事情。她甚至不敢独自横穿马路,大学落榜后,在城里打工遇到困难,工厂的心理保健室的医生说,SYZ 这种状况是因为青少年时期父母给她很大的压力,希望她为家里争光,取得较大成就。据 SYZ 所说，她在读初中期间，就发现自己理解不了老师的课，而她父母继续给她各种物质的便利，迫使她更要好好学习。高考后，她的精神处于崩溃边缘。父母知道她的心理问题后，让她外出打工，但收入不理想，工厂封闭的环境，等级森严的管理制度，都冲击着她的自信心，日复一日的枯燥工作让她经常感到失望。

在这个群体中，最普遍的自我保护的武器是用脚投票，即工作不愉快时就准备随时离开，遇到困难时就会辞职。这种"提前离开"创造了一个不利条件，即由于违约在先，《劳动合同法》无法保护农民工的权利，进而为资方"合法地"压榨劳动力的行为提供了基础，也使得工人群体难以形成稳定关系。这个武器还使得打工者频繁地更换工作，生活不稳定，流动性更强。这表面上看是增加了自由，但更多时候是一种无可奈何的选择，工作受到挫折后就失去了目标，容易陷入沮丧境地，甚至在城市中开始迷失。

> 我也不知道自己该干什么好，我都20多岁了，还没有自己的方向。我有的时候想这个事情就睡不着觉。有一次想了两个晚上都睡不着觉，就想啊，在厂里上班，年纪大了，动作慢了，工厂就不要了，以后怎么办，上了年纪去哪里？该怎么养活自己和家人？(C05-SYZ-F)

> 现在我很多事情也想不明白。我现在一直在想，20年以后自己是什么样子？我还是不明白一件事情，我不知道自己的目标是将来活得更快乐还是活得更有钱。这个我想不通，不知道自己该怎么活。(C21-ZL-M-22)

如果将这两个人的迷茫形容为杞人忧天，那么YY的迷茫则有切身之痛。YY的微信名是"谁懂我的心"，YY在打工之前在家里做了点镍钼矿生意，赚了十几万块钱，但赌博输光了。后来，他连吃饭的钱都得向父母要，被人嘲笑是啃老族，村里戏称他为"余家四少"。①

---

① 注：C06-YY所在的自然村以余姓为主，余家包括YY在内的四个青年不做农活，常聚在一起游玩，与当地人的勤劳肯干形成鲜明对比，因此，被邻居戏称"余家四少"。

> 现在没有人能理解我，包括我老婆、我爸妈。我是想做一番事业的，我认识很多朋友，他们都发了财，我也想搞点本钱，于是想买马，没想到时运不济，赔光了。我现在是养老防老，经常得让老妈接济我一下，我是家中的老幺，她总不能让她儿子挨饿吧。现在老婆看我一年没进账都想离婚了……实在太累了……他们都不理解我，都不相信我。现在真想来一场说走就走的旅行，太累了，想出去散散心。（C06 - YY - M - 25）

劳动力市场的不安全是隐藏在社会结构之下新的风险标识，威胁着已经建立的文化实践。由于经济的不稳定，劳动力市场的波动正威胁着新生代农民工群体。个体主义和实用主义的困境体现在这些农村青年身上，电视和其他大众媒介加上青年移民的个人经验，他们的生活期望与媒介关注的城市青年消费者是相似的，他们希望挣大钱，变得时尚和成功，过上殷实的生活。

随着个体化社会的到来，现代性处理所需与能力之间的冲突这一矛盾的策略和方法就是调整个体的需求。正如皮埃尔·布尔迪厄在《区分：判断力的社会批判》一书中表明的那样，各种需求的产生而今正在替代合乎规范的规则，广告取代思想上的劝导教化，引诱取代管制和胁迫。新生代农民工的边缘性恰恰在于他们实际上不能处理源于需求和能力之间差距的矛盾，而且这种无能为力已被视为他们内在的特性。当能力和抱负不相一致时，他们不得不忍受歧视和不公正，包括极低的工资、超时的工作时间、恶劣的居住环境以及周围人的粗鲁对待等。自由的体验变成了焦躁和不安，城市生活的浪漫也经常让很多新生代农民工捉襟见肘。

> 我最害怕的是下半年，因为下半年的节日特别多。在11月的时候，老婆就在微信上写下了愿望：24号平安夜，会有苹果吗？25号圣诞节，会有礼物吗？26号狂欢夜，会有人陪同吗？31号的跨年夜，会有人陪我倒计时吗？（C06 - YY - M - 25）

老婆经常跟他抱怨很少给她买礼物，因为他无法在城市里体面地生活，无法做一个合格的恋人，渐渐而来的无用感、耻辱感、内疚感以及自尊的沦落使他十分痛苦，这种境况不能简化为仅仅是物质的剥夺和身体的灾难。在这样的消费社会中，正常的生活不仅是在八小时之内的工作，对于新生代农民工而言，八小时之外的生活特别是生活消费、感官刺激、城市景观和沉迷于琳琅满目的消费商场的经历才是最重要的。对于老婆经常与陌生人见面聚会、去夜店喝酒、晚归甚至不归等行为，YY 从一开始的愤怒转为自责。

> 一开始我想不通，就找她爸妈，想让她爸妈管管她，但后来她爸妈估计也烦了，怪我穷，说女儿找我是因为当时条件好。是啊，责任在我，以前一直想赚大钱，结果到头来还是穷小子一个，怪不得别人，我现在就要找份工作干，赚很多钱，这是我目前最主要的任务。（C06 - YY - M）

2018 年，YY 主动提出离婚，以留下 6 岁的儿子为唯一条件，不要求女方付抚养费，女方可随时探望儿子。但直到 YY 的母亲在 2020 年收拾 YY 的衣柜时发现了儿子的离婚证，二人离婚的事情才被家人知晓。

在消费主导的城市社会中，新生代农民工的身份和地位是通过他们在消费市场自我构建的能力来界定的。由于无法成为消费社会中合格的消费者，新生代农民工多将自己视为有缺陷和不充分的个体，因而也承担起了自己失败的大部分责任。

第二节 弱者的武器：社会原子的自我救赎

一 用脚投票：循环流动的策略

新生代农民工在脱离了传统的社会支持网络后，进入了陌生的城市空间，尽管打工生活布满了难以言说的艰辛，但他们仍努力地构建一片属于个人的天地，以此来应对经济、社会、文化和心理上的各种挑战。循环流动是长期实践总结出来的经验，循环流动分为在老家和打工地点之间的循环流动，以及不同的打工地点之间的循环流动。

2006年就出来打工了，一般两头（城市工作和农村田地）兼顾，每年春节回家，就帮家里把田犁完、秧插好，活干完了就出去打工。2011年结婚在家里待了一年，2013年，我在家，妻子出来试着打工。（C23-YG-M-34）

YG在短短5年间经历了不少变动：外出打工、回家种田、换工作、再回家种田。通过挖掘城市和农村的资源，新生代农民工试图在个人层次上实现城乡两个社会的效益最大化。

城里和农村人相比，城里如果是四口之家，家里如果有下岗的，家庭负担很重的。但如果在乡下，即使一个人打工挣不到钱，总还有地，也够家里吃饭了。拿我和城里人比，与城里的工人比，每个月都挣两千块钱，但我比他们自由多了，生活得可能更好些。（C24-HCM-M-26）

城市生活虽然使人厌烦，但他们又无法忍受真正回到传统的乡村生活。在城乡之间穿梭的农民工，通过与乡邻比较产生自我满足感。此外，农民工的流动性使得他们得以寻找更好的经济机会和就业机会，用脚投票这种间接方式表达对剥削的反抗。在一定程度上，流动性强化了他们的集体谈判能力。[1] 据报道，为了留住农民工，1992—2014年，22年间，深圳的最低月薪涨了8倍多。2015年，最低工资上涨了222元，达到2030元，2022年深圳的最低工资标准调整为2360元。面对"民工荒"，最低工资上涨有利于吸引劳动力资源，更好地满足深圳经济发展需要。为了吸引劳动力，他们特意选择在春节前，向社会各界特别是广大劳动者公布讯息，同时也便于企业结合全年预算支出统筹安排生产经营活动。

---

[1] ［美］范芝芬：《流动中国：迁移、国家和家庭》，邱幼云、黄河译，社会科学文献出版社2013年版，第167页。

二 构建个体的气概：以家庭为中心的身份认同

> 离开家乡爹与娘
> 背起行李走远方
> 酷暑寒冬多保重
> 打工路上自己闯
> 谁叫咱是男子汉
> 顶天立地要坚强
> 莫负爹娘养育恩
> 要干就干出个样
> 多流汗水莫流泪
> 哦，遇到困难莫忧伤
> 风里雨里莫言苦啊
> 再苦再累自己扛啊
> 人生就要立大志哦
> 艰苦创业记心上
> 等到咱创业成功时啊
> 再风风光光回家乡
>
> ——网络歌曲《打工行》

改革开放后，以经济建设为中心的现代化发展话语占据主导地位，并影响着国家的方方面面。党的十一届三中全会认真总结中华人民共和国成立以来的经验教训，摒弃了"以阶级斗争为纲"的指导思想，明确决定把一切工作转到"以经济建设为中心"的轨道上来。在此之后，党中央不断重申坚持"一个中心、两个基本点"的基本路线。邓小平同志南方谈话时强调，"基本路线要管一百年，动摇不得"；党的十七大报告指出，"以经济建设为中心是兴国之要，是我们党、我们国家兴旺发达和长治久安的根本要求"；胡锦涛同志在纪念党的十一届三中全会召开 30 周年大会上强调，"要聚精会神搞建设、一心一意谋发展"；党的十八届三中全会更深刻指出，全面深化改革，必须"坚持发展仍是解决我国所有问题的关键这个重大战略判断，以经济建设为中心，发挥经济体制改革牵引作用，推动生产关系同生产力、上层建筑同经济基础相适应，推动经济社会持续健康发展"。在中国稳定解决了十几亿人的温饱问题，总体上实现小康，不久将全面建成小康社会的基础上，党的十九大报告指出，发展是解决我国一切问题的基础和关键，必须坚定不移贯彻创新、协调、绿色、开放、共享的发展理念，更好发挥政府作用，推动新型工业化、信息化、城镇化、农业现代化同步发展，主动参与和推动经济全球化进程，发展更高层次的开放型经济，不断壮大我国经济实力和综合国力。党的二十大报告进一步提出，"中国式现代化是物质文明和精神文明相协调的现代化。物质富足、精神富有是社会主义现代化的根本要求"。这些理念也渗透人们日常生活的层面，寻求物质层面的改善成为农民工进城的动因，也成为农民工调节自身边缘地位的重要策略。

　　在农村，男性青年的气概认同嵌入特定的家庭性别角色中，而在城市空间中，他们的气概认同需要在远离家庭的情景下进行再协商和再重构。变化了的代际关系或是贝克宣称的自我的自主性并没有弱化他们性别化的家庭责任。这些男性打工者的叙述表明，传统的家庭性别规范是形成他们认同的中心文化资源，农村青年借此在城市空间内调节他们边缘化的物质生活环境。实际上，现代化的观念和物质生活环境对农村的性别实践提出了挑战，男性正努力维持在家庭中的男子气概，经历着较差的经济条件与较低的社会和政治地位，这些复杂和不稳定的状况产生了特定的情感体验。在许多个案中，男性很少公开谈自己对家庭成员的感情和感受，因为这会被认为是有失他们作为儿子、丈夫、配偶、兄弟的气概。当他们叙述自己无法履行作为父亲的责任、不能为父母尽孝时，常会使用"面子""尴尬""羞愧"等词语来说明。

　　　　家里正在建房，父母妻儿很快就住到新房子里了。我在外面工作了很多年，和我一起出去的男人都盖了新房。我想，我也存了些钱，该是我对父母表示孝心的时候了；否则，我就会让他们失望，而我回家也感到很尴尬。亲戚们会在回去的时候问为什么不盖新房，我不想

人们说我没用。在外打工不就是为了给我的家庭提供好生活吗？（C25 - CCY - M - 30）

以前为了减轻家里负担辍学外出打工，没想到打工不容易，但打工也是一种磨炼吧。过年回家给父母买新衣服，虽然事情小，但我感觉我是独立的，能够给我的家庭提供好的生活。当看到他们收到这些衣服时高兴的样子，我也很开心。我记得小时候父母为了我的学费从早干到晚，现在我能挣钱了，独立了，能够买一些他们称心的东西，作为儿子就是要对这个家有责任啊。（C26 - LEB - M - 28）

男性农民工经常谈到作为或即将成为家庭顶梁柱的责任和义务，在构建农民工脱域的男性气概中，成为孝顺的儿子和称职的父亲或丈夫显得非常重要。在他们眼中，在城市吃苦是他们的成年礼，是成为真男人的标志。通过寄钱、买礼物、盖房子等显示了他们对家庭成员的责任，也被认为是他们开始懂事的标志。很多男性青年也意识到，自己离开农村的家后给家庭带来的结构性变化，因此，这些外出打工的男性并没有将自己视为孤立的主体，而是通过扮演父亲、兄弟、丈夫和儿子等多个角色，确认自己是谁和会成为谁。作为父亲、儿子和丈夫，这样的角色重塑和规训着他们的行为。在这些家庭实践中，家庭成为构建农村男性认同的重要来源，传统的性别角色被重构，而代际责任和义务也使得家庭单位在现代化的城市中重构起来，成为流动的农民工身份认同的核心文化来源，并使得家庭文化得以延续。在都市生活中，传统的孝亲观念和性别角色规范成为他们积极协商并塑造自己男性气概身份认同的重要参考依据。在乡—城流动过程中，女性青年农民工不仅获得了成就感和独立感，还通过赚钱、交往等多种方式，显著提升了自身的社会地位。这一变化不仅提升了她们个人的价值感，还增强了她们对父母的经济支持能力，从而在家庭内部也获得了较高的地位。

在当前的现代化话语中，城乡二重性提供了制度性的语言去概括当前的中国，农村在现代化和发展的政府话语中的经济边缘地位成为常见叙事。另外，这些差异又被理解为新自由的现代化项目的优势。然而，正如前文所说，这些男性满足于他们所获得的，并不把自己视为牺牲品。尽管他们承受着来自农村家庭和城市物质环境的巨大压力,他们也认为正在实现他们的性别角色,并构成男性气概认同的重要组成部分。对于新生代农民工而言,尽管乡土社会的情感趋向淡漠,但家庭多数时候仍是作为自然共同体的本体性价值存在的,家之"温情"可缓解纯粹功利主义市场经济的"冰冷"和城市社会冷漠的疏离感,新生代农民工通过自身的奋斗在维护和尊重家庭利益与家庭价值的同时,其主体性也得以生产。①

三 做人"热心肠":加入志愿服务组织

共青团深圳市委员会在第 26 届世界大学生夏季运动会时设置了 800 多个 U 站,运动会结束后,该站的服务开始社区化。笔者经过与社区工作者的联系,了解到很多新生代农民工参与过志愿服务。共青团深圳市委员会组织的抽样调查表明,六成以上的人有过服务经验,其中,每两个月参加一次的人数达 22.3%。② 借助志愿者这一角色,在陌生的城市中,初步建立了与他人的联系,甚至形成较为稳定的社会关系。做电子外贸生意的 ZB 认为:

> 深圳虽然是个包容性很强的城市,但是来这儿后身边没有朋友,看到社区招志愿者,我就来了,可以多认识些人吧,多个熟人总没有坏处,生活中不就是互帮互助吗,以后我有事情了,也可以得到别人的帮助。所以没事的时候,我就过来看看,社区有哪些活动需要帮忙,在参加的过程中,我还认识了老乡,现在我们经常约着一起来做服务。(C07 - ZB - 25)

很多受访者对参与服务的功利性并不避讳。在与服务对象的互动中,受访者与受助者形成了人情关系,期望他人在未来的回报。在志愿者和受助者之间形成的"欠人情"的关系,通过社会服务,展开回报的实践,

---

① 肖瑛等:《家与社会治理:价值、方法、对象和主体》,《学术月刊》2023 年第 7 期。
② 王斌:《个体化的助人者:新生代农民工从事志愿服务的动机分析》,《深圳大学学报》(人文社会科学版) 2014 年第 1 期。

以此构建着以服务为基础、以自己为中心的弱关系网络，初步建立起城市社会中的人际关系。这种关系也绝非没有人情味的。ZB 在服务中遇到独居的老人，老人亲切温暖，做了好吃的还会让 ZB 来吃。看到这个老人就想起远在家乡的父母，想起他们子女不在身边的无助，就把对父母的感情移情到这位老人身上。

但要真正成为这个新城市的一员，仅仅凭借人际网络是不够的，还需要达到相应的标准。2010 年，深圳市政府颁布了《深圳市外来务工人员积分入户试行办法》，对参加义工和志愿服务做了奖励性的规定。通过志愿服务，可以最高累计 6 分。这对于有成为深圳市民意愿的新生代农民工而言无疑是一个巨大的动力，因为在现有的积分制办法中，个人的文化资本如教育、职称和技能所累计的积分比例较高，对于文化资本本来就较少的农民工而言，社会服务无疑为他们入户增加了砝码。此外，在参与志愿活动过程中，为自己树立了"好人""热心肠"的形象，有别于阎云翔所说的"无公德的个人"，这种志愿行为无疑会减少他们与其他群体互动时的摩擦。在中国道德环境面临挑战和社会资本利用率相对较低的双重背景下，志愿服务存在着巨大的增值空间。助人活动无形中提升了他们社会资本的"认可度"，通过助人活动，新生代农民工拥有的社会资本发生了重要变化，承载着"资源"的助人行为也是新生代农民工积累和提升社会资本的过程。

第三节　再嵌入：新市民组织型社会资本的构建

一　政策引领与实践探索

在农民工个体化进程不断加深的背景下，如何有效促进其社会融合，构建稳固而广泛的社会资本，成为中国社会治理中的重要议题。党的十八大以来，中国社会治理体系与治理能力现代化建设步入了新阶段。党的十八大明确提出了"加强社会建设"与"管理创新"的战略目标，强调要"加快形成党委领导、政府负责、社会协同、公众参与、法治保障的社会管理体制"。党的十八届三中全会进一步深化了社会治理体制创新的内涵，要求"正确处理政府和社会关系"，明确社会组织在社会治理中的权责与地位，推动其依法自治、发挥作用，并特别提出，对于适合由社会组织提供的公共服务和事项，应交由社会组织承担。同时强调支持和发展志愿服务组织，推进行业协会商会与行政机关脱钩，以及重点培育和优先发展各类社会组织，特别是城乡社区服务类组织。党的十九大报告进一步提出，"加强和创新社会治理"，"打造共建共治共享的社会治理格局"，"推动社会治理重心向基层下移，发挥社会组织作用，实现政府治理和社会调节、居民自治良性互动"。党的二十大报告更是多处提及社会组织的作用，要"加强新经济组织、新社会组织、新就业群体党的建设"，以保证"把党的路线方针政策和党中央决策部署贯彻落实好，把各领域广大群众组织凝聚好"。这一系列部署不仅为农民工的社会融合提供了坚实的政策支撑，也为新市民组织在社会资本构建中坚持党的领导、发挥组织优势、促进农民工个体化发展提供了根本遵循。在上述政策的引领下，全国各地积极响应，开展了丰富多样的务工型移民治理和服务创新实践活动。

务工型移民的社会融合一直是学界研究的热点话题。学界从移民自身、移民输入地及两者互动的维度，探讨了文化适应、社会适应、社会吸纳、同化、自治、共治六种融合模式。无论对移民还是对移民输入地居民，都是共赢的选择；无论对整个人类社会的文明进步还是对移民输出地或移民输入地的和谐与稳定，都具有极其重要的意义。但总体上看，国内学界对务工型移民社会融合的研究主要有两个视角，第一种视角强调结构性因素对农民工社会适应与融合的影响，着重强调不平等的社会制度对务工型移民社会融合的阻碍作用，以王春光、刘娜和任远等为代表的社会排斥视角最为典型。[1] 悦中山、李树茁、费尔德曼和任义科等则从中观层次上将排斥具体化，认为缺乏异质性的社会网络是造成务工型移民社会融合难的主要原因。[2] 后一种视角则突出务工型移民自身素质对社会融合的效

---

[1] 王春光：《农村流动人口的"半城市化"问题研究》，《社会学研究》2006年第5期；刘娜：《断裂型社会排斥：农民工社会福祉融入的制度、区域与阶层困境》，《山东社会科学》2019年第4期；任远、乔楠：《城市流动人口社会融合的过程、测量及影响因素》，《人口研究》2010年第2期。

[2] 悦中山等：《农民工社会融合的概念建构与实证分析》，《当代经济科学》2012年第1期；任义科等：《农民工社会网络的核心边缘结构分析》，《人口与发展》2010年第6期。

应。例如，资本视角将缺乏个体人力资本、社会资本视为低社会融合的主要诱因。这两种视角的相似之处在于均同时兼顾到客观因素与主观因素对农民工社会融合的影响，只是侧重点不同而已，而解决的路径即为制度上的包容、个体资本的提高。这实际上是将宏观结构或制度与个人置于一个连续体的两端，这种思考逻辑的结果必然会导致对策大而空，或需要从长计议进而让人感到前景渺茫，微观上的个人改变则将个人机械地视为生产工厂里的高级零件，个体融合的价值和路径被异化为不断获取更高的技艺。对于大多数人而言，技艺精湛固然重要，但在日常生活世界里与他人、其他系统的接触和融合才是真正的融合之道。缺乏初级组织依托的原子化个体，也需要在新的场域中重新拼凑、组合起来。在城市社会中，新生代农民工不可能再像以往那样以熟人社区为"平台"、以"家"为核心、以日常生活互动仪式为机制实现社会资本的再生产。在结构性因素难以迅速改变的情况下，如何调整原有的机制以实现社会资本的再生产？笔者认为这一可行路径就是通过组织介入，即以社会组织为核心提供公共服务，建构公共生活与交往平台，重建社会关系网络，从而推动农民工社会资本的再生产并恢复原有社会资本的部分功能，在一定程度上提高新生代农民工的城市社会适应能力，进而促进农民工社区的和谐治理。这一过程相当于把从传统熟人社会拔出的"根"嫁接到新的社会组织中，实现关系"扎根"之前的过渡。社会组织或许更能够为原子化的个体提供认知新世界的平台，也成为务工型移民更加主动积极地生活的平台，融合型社会组织更是务工型移民社会治理模式创新的基础。

二 融合型社会组织的社会功能

国家与社会之间的关系始终是现代社会治理领域中的核心议题。政府构成政治资本，企业构成市场资本，社会组织则构成社会资本，三者既保持各自的独立性，又相互支撑、紧密协作，共同构成了现代社会"三足鼎立"的综合体系。在这一体系中，融合型社会组织作为一股关键的推动力量，尤其在务工型移民社会治理方面，其重要性越发凸显，发挥着不可替代的作用。在务工型移民社会治理中，融合型社会组织在政治层面、经济层面、社会层面和文化层面发挥着重要作用。

(一) 融合型社会组织是新市民社会治理创新的组织基础

善治是指国家与社会或者政府与公民之间良好合作环境下完善和谐的社会治理。善治实际上是国家的权力向社会的回归，善治的过程就是一个还政于民的过程。融合型社会组织的最大特点是贴近基层，能有效而及时地表达新老居民的意愿，特别是务工型移民群体的利益。融合组织通过积极作为和有效服务，成功赢得了政府与自治组织的充分信任与正式赋权，从而使得协作治理的范畴得到了显著拓宽。如今，它们的协作不再局限于治安管理这一传统领域，而是广泛涉及公共卫生、文体活动等多个方面。同时还可以与政府建立对话、协商和沟通机制，形成有效的社会公共利益的汇聚和表达机制，实现"上情下达"与"下情上达"，减少社会非理性行为的发生。

(二) 融合型社会组织有利于维护新市民群体的利益

务工型移民作为城市化进程中的重要参与者，当前面临着一系列显著且亟待解决的困难。这些困难不仅严重制约了他们生活质量的提升，还对社会的整体公平与和谐发展构成了挑战。具体而言，务工型移民的困境主要体现在以下两方面。其一，他们在就业市场上遭遇高门槛与低报酬的双重困境。受限于较低的文化程度和职业技能水平，务工型移民往往被限制在低技能、低薪酬的工作岗位上，难以获得与当地居民相当的就业机会和薪酬待遇。其二，务工型移民在劳动条件、社会保障以及子女教育等方面也面临诸多难题。他们往往承受着较高的劳动强度，却缺乏充分的安全保障；住房条件简陋，社会保障覆盖不足；由于户籍、资源分配等制度性障碍，务工型移民的子女在入学、升学等方面面临诸多困难。造成这些困境的重要根源之一在于，务工型移民经济资源的匮乏和社会地位的较低，而融合型社会组织的介入则为改善这一现状提供了重要途径。融合型社会组织通过拓宽务工型移民的经济资源渠道，提升他们的职业技能，以及利用组织的力量合法、正当地争取他们在子女入学、就业、租房等社会和经济方面的应有权利，增强他们应对市场化条件下经济和社会风险的能力。

(三) 融合型社会组织是新市民社会整合的手段与目标

随着社会进一步转型，利益结构复杂化、价值取向多元化等成为社会发展的常态。在这种情况下，扎实推进社会主义核心价值观建设、凝聚社会价值共识就显得尤为关键。只有不断提升主流价值观在社会各阶层的影响力，提高社会成员对社会主义核心价值观的认同度，才能更好地推动经济转型和社会改革。农民工作为社会生活中人口数量庞大的群体，在农忙时节、节庆期间返回农村老家，在农闲时节就会到城里打工，他们常常游离于城乡之间。这种流动性增加了农民工价值观教育的难度，也在一定程度上影响着农民工对主流价值观的认同。此外，农民工在城市打工期间，往往面临着与城市居民不同的待遇，如就业歧视、子女教育难题、社会保障的缺失等。这些问题不仅加剧了他们的生存压力，也使他们难以对城市产生强烈的认同感，不公平的待遇和缺乏归属感会进一步影响农民工群体对主流价值观的认同和内化。为了有效应对这些挑战，应当积极推动融合型社会组织建设。融合型社会组织不仅为他们提供一个社会参与、表达诉求和维护权益的有效平台，更可成为传播和践行社会主义核心价值观的重要阵地。通过定期举办讲座、培训班，开展文化交流等组织化的形式，进行系统、有针对性的价值观教育活动，从而增强农民工对社会主义核心价值观的深刻理解和积极认同，更好地引导和激发他们的潜能，让他们在经济社会发展中发挥更大的作用。同时，借助农民工群体的力量，可以进一步推动社会主义核心价值观在更广泛的范围内得到传播和实践，从而凝聚起全社会的价值共识，共同推动经济转型和社会改革的深入进行。

（四）融合型社会组织是新市民文化认同的平台

务工型移民融入当地的一个重要指标是文化的认同，融合型社会组织有利于新老价值观念互认。借助这一载体，引导新老居民共同探讨如何弘扬和践行传统美德、社会公德、职业道德，以"中国梦"的共同价值追求凝聚新老居民的共识，淡化新老居民之间的界限，消除新老居民之间的心理隔阂，营造新老居民共融的良好氛围。融合型社会组织是本土传统文化与务工型移民原籍地文化的交流平台，在向务工型移民深入介绍本地的历史渊源、民风民俗等情况的同时，积极向务工型移民了解其原籍地的特色文化，有利于新老居民互相尊重和适应各自的生活习惯，共同分享具有地方特色的文化习俗。最终，提高了务工型移民的社区认同感，夯实了务工型移民社会治理的基础。

三 融合型社会组织创新实践

针对城市务工型移民融入难这一问题,全国各地已经进行了各种各样的创新尝试,积累了很多经验。

（一）共青团系统支持的深圳市风华青年服务中心

深圳市风华青年服务中心于2014年成立,位于深圳福田区,是由湖南省人民政府驻深圳办事处指导、共青团湖南省委驻深圳市工作委员会主办的大型民非机构,为来深圳的青年提供生活、学习、心理咨询等方面的帮助,指导青年参加技能培训,引导青年参与社会服务,为青年推荐工作岗位,服务青年创业就业,组织青年开展各类交流、参观考察活动,为青年提供法律咨询和危机帮助,促进青年事业健康发展,为建设幸福深圳贡献力量。该中心设立的目的是动员和组织广大团员青年,进一步提升组织动员能力,大力加强驻外团组织建设,最大限度地扩大对务工青年的组织覆盖,增强对他们的吸引凝聚力。该中心主要有两个职能,一是协助创业就业,二是志愿服务的组织协调工作。具体而言,中心为青年提供就业创业的发展规划指导,对创业项目进行考察与整合,协调项目实施,协助青年寻找就业创业的有效途径；协调各方资源,还承担融资项目策划等工作,引导青年就地创业；而志愿者服务部负责湖南省在深圳工作的青年的注册登记、发证和建档,协调志愿服务时间、内容,提供培训等工作。组织青年开展的青年志愿者服务以及评选技术能手、致富标兵等成为该中心的重要活动,在促进湘籍青年社会融合方面起到重要作用。

该中心成为连接外来务工湖南籍贯的农村青年与国家政策和组织的纽带,如党的十八大报告指出,"鼓励多渠道多形式就业,促进创业带动就业","全党都要关注青年、关心青年、关爱青年,倾听青年心声,鼓励青年成长,支持青年创业"。近年来,电子商务迅猛发展,已经成为新经济的典型代表。2014年中央一号文件《关于全面深化农村改革加快推进农业现代化的若干意见》明确提出,要启动农村流通设施和农产品批发市场信息化提升工程,加强农产品电子商务平台建设。加快清除农产品市场壁垒。根据全省农村工作会议精神和共青团中央《关于加强共青团促进青年创业就业服务体系建设实施意见》的部署,为加强农产品电子商务平台建设，推动农村青年运用新经济实施创业就业，共青团湖南省委员会联合省经信委等单位，在全省实施"淘宝·特色中国·广东馆"——广东农村青年电子商务创业就业项目。2023年中央一号文件《关于全面深化农村改革加快推进农业现代化的若干意见》提出，要"深化东西部协作，组织东部地区经济较发达县（市、区）与脱贫县开展携手促振兴行动，带动脱贫县更多承接和发展劳动密集型产业"。这些活动的组织和开展给湖南籍贯的农民工提供了在异地创业的信息和机会，助力他们开启属于自己的人生。

（二）农民工NGO组织

在西方市场经济国家"小政府、大社会"的格局中，NGO已经成为调解社会关系不可或缺的社会自治组织。政府部门和企业之外的大量空间，正是NGO的用武之地。从历史的角度看，为农民工提供服务的非政府组织比其他诸如环保、慈善和扶贫领域的非政府组织起步更早。1995年，世界第四次妇女大会在北京召开，大会期间举办了"非政府组织论坛"，由此拉开了非政府组织在中国发展的序幕。1999年，全国人大常委会通过了《中华人民共和国公益事业捐赠法》，首次以法律的形式明确了对NGO在内的社会公益事业的社会捐赠予以鼓励，规定公司、企业、自然人和个体工商户捐赠财产用于公益事业，可享受企业所得税或个人所得税方面的优惠；境外向公益性社会团体捐赠的物资，减免进口关税和进口环节的增值税。但在实际的操作中，这些规定则常常表现得刚性、不灵活。为加强对农民工的保护，近年政府出台了一系列政策法规，如《国务院关于取消第一批行政审批项目的决定》以及《国务院办公厅关于做好农民进城务工就业管理和服务工作的通知》要求，各地区、各有关部门要取消对企业使用农民工的行政审批，取消对农民进城务工就业的职业工种限制，不得干涉企业自主合法使用农民工，要严格审核、清理农民进城务工就业的手续。2004年，中共中央、国务院正式发布了《关于促进农民增加收入若干政策的意见》，明确指出："进城就业的农民工已经成为产业工人的重要组成部分，为城市创造了财富、提供了税收。城市政府要切实把对进城农民工的职业培训、子女教育、劳动保障及其他服务和管理经费，纳入正常的财政预算，已经落实的要完善政策，没有落实的要加快落实。"之后，全国农民工 NGO 纷纷成立。维护农民工合法权益成为该类型社会组织的主要任务。农民工 NGO 通过实地调查、发布报告、宣传普法等，在维护农民权益上起到了很大的作用。农民工 NGO 可以通过简单的受理程序、有求必应的态度来吸引农民工到此维权，还可以将问题很好地进行处理，基本具备了维权能力。虽然农民工 NGO 主要从事维权工作，但部分农民工 NGO 也意识到除了维权，更重要的是进行社会融合，所以开始从事农民工的融入工作。这类组织汇聚了研究人员、媒体工作者、律师、大学生及志愿者等社会精英和热心人士的力量，为他们参与和贡献自己的专业知识与技能提供多样化平台。这些组织提供的多元化服务不仅有效补充了公共服务的不足，缓解了政府资源有限、难以面面俱到的困境，还凭借其贴近基层、灵活高效的特点，更精准地对接农民工群体的需求，推动社会问题的有效解决，提升了治理能力现代化水平。还有一些与当地政府、社区基层组织等建立了共赢的合作关系，为他们自身的发展以及解决以农民工为代表的务工型移民的城市融入问题进行了积极尝试。

（三）社会工作服务助力提升民生福祉

党的十八大报告中明确指出，要加快形成政社分开、权责明确、依法自治的现代社会组织体制；党的十九大报告将社会组织纳入中国特色社会主义事业的总体布局，社会组织被视为新时代治理体系和各项建设事业的重要力量；党的二十大报告中明确提出增进民生福祉，提高人民生活品质，健全社会保障体系。这不仅为具有中国特色的社会工作本土化提供了重要的思路，也为中国民办社会工作服务机构（以下简称"民办社工机构"）的发展提供了新的契机。社会工作的历史以及各国经验表明，民办社工机构是推进社会工作事业的主要阵地，是展示社会工作人才队伍建设成效的主要窗口，也是落实以民生为基础的社会建设以及创新社会管理的重要力量和载体。从 2023 全国社会工作服务机构创新发展大会获悉，中国已有近 1.9 万家民办社工机构，在民生、民族团结、社区服务、犯罪矫正等领域为当地群众提供服务。中国的民办社工机构的数量增长十分迅速。民办社工机构是提供社会服务的重要载体，也是推进以民生为重点的社会建设的重要途径。有些专业社工通过应用"参与式"方法协助外来工分析和解决问题、开展形式多样的外来工文娱活动、积极改善小区环境、探索小商贩规范经营等一系列举措，切实为外来工的生活和工作带来便利，使新老居民平等地享有社区福利和服务。社工机构还针对外来务工人员设计出了一系列亲情融合和亲情文化项目，如暑期夏令营、亲子运动会、外来务工青年相亲会等活动，促进外来工子女、青年男女等在社区的融合。截至2023年5月，中国已建成乡镇（街道）社工站3.7万个，10.8万名社会工作者进站服务，初步形成了广布城乡的社会工作服务网络，为基层社会治理提供了强有力的专业支持。这意味着社区融入和社会参与活动的制度化和常态化，也使农民工由接受服务者转化为服务提供者成为可能。

对于很多刚进城的新生代农民工来说，他们并不愿意过"两点一线"式的单调生活，他们渴望同他人交往，希望得到朋友的关怀与支持。只是由于他们进城后原有的关系"拔根"，而又难以通过个人努力在这样一个陌生人社区重建关系网络，才不得已如此。例如，有的被访者想去社区内文体中心打球，却因为没有同伴而无奈放弃，最后只能选择一个人在宿舍听歌、看电子书，也使原本互不认识的新生代农民工有了相同的"身份"——社工服务组织志愿者。通过破冰游戏等形式迅速拉近人们的社会距离，通过组织集体活动（如体育比赛、舞蹈小组等形式）为志愿者及参与者们提供交流的机会，以有组织的集体互动打破了陌生人之间的不信任感。在这个平台中，新生代农民工志愿者及参与者逐渐形成并扩大自己的交往圈子，从丰富的活动和越来越多的朋友中得到了温暖与快乐。志愿者的日常生活发生了很大变化，不再是单调的"两点一线"式生活，而是在闲暇时间参与社区公共活动中获得乐趣与满足，赋予生活以深远的意义与价值。他们通过学习、培训与生活实践的"再社会化"过程开始适应城市生活，缓解了精神上的孤独和压力，他们的朋友圈子得到扩展，开始在公共生活中实现社会资本的再生产。志愿者与参与者之间的频繁互动不仅在他们中间逐渐培养出共享的信任与互动规范，还使得组织有能力将一些社区规范通过志愿者网络传播开来，这些努力都潜移默化地对城市社会秩序产生积极的影响。

尽管组织实践受到结构性、制度性因素的制约，但是社工组织的特性使它具有一定的同政府、资方谈项目的话语权以及组织行动的主动权。首先是非营利性，使它更容易获取政府和企业的信任，这是组织介入的前提条件。其次是专业性，组织核心成员并不只是热心而缺乏经验的公益爱好者，而是经受过专业知识技能培训与有实践经验的技术人员，他们能够灵活应对各种制度环境以保证公益项目的顺利开展，这是组织介入的专业保障。最后是主体多元性，组织摆脱了传统公益组织或是依靠自身力量、或是依赖政府支持的单一模式，而是力求整合政府、企业、公益组织与居民等多方力量参与社区生活建设。兼具非营利性、高度专业化以及多元主体参与的专业社会服务机构，通过服务介入农民工的日常生活，为农民工群体提供了全面而细致的社会支持服务，特别是在情感支持方面给予了较大的关注与帮助，从而有力地促进了农民工社会资本的形成与不断积累。更为深远的是，这些机构在服务过程中，凭借其专业能力和丰富经验，逐步在基层社区构建起了一套旨在促进秩序稳定、增强社区凝聚力的信任机制和行为规范体系。这一体系不仅为农民工更好地融入城市生活提供了支撑，也为构建和谐、有序、充满活力的社区环境奠定了坚实的基础。

四 落地生根：组织性的社会资本再生产

社会资本之所以具有提供信息、社会支持、培育信任与行动规范等功能，前提是社会行动者拥有稳定的、能够再生产的社会关系网络。稳定的社会结构是社会资本实现再生产的重要条件，一旦结构发生重大变迁，必然会影响社会资本的功能。正如科尔曼所言："各种形式的社会资本都依赖于稳定性……个人流动将使社会资本赖以存在的相应结构完全消失。"[①]农民工进城不仅是空间上的地域流动，而且是结构上的社会流动。

社会流动导致新生代农民工经历社会结构的横向转换。进入城市社会后，结构制约与交往成本限制使得他们的社会关系处于"拔根"状态。而在"拔根"状态下，新生代农民工的社会资本难以实现再生产，社会资本的功能发生变迁。由强关系提供求职信息的功能被市场替代，同时也导致农民工被市场支配；既往提供社会支持的功能被脆弱的关系资本少量

---

① ［美］詹姆斯·S. 科尔曼：《社会理论的基础》，邓方译，社会科学文献出版社1999年版，第350—442页。

替代，精神支持的不足导致农民工孤独感增加、城市认同难以形成；既往促进熟人社会秩序稳定的信任、社会规范等功能无从替代，在一定程度上导致了社区秩序混乱。在宏观结构性因素难以改变的情况下，组织介入机制就成为恢复上述功能需求的可行路径。通过组织介入的方式提供公共服务，建构公共生活与人际交往平台，使新生代农民工形成以组织为核心的社会关系网络，实现社会资本的再生产。

必须指出的是，组织介入并非实现新生代农民工社会资本再生产的最优机制，这只是在结构性因素难以在短时期内改变的情况下所采取的"过渡性"机制。这在本质上并不是关系的"扎根"，而仅仅是一种"嫁接"。笔者在调查中了解到，在很多社区社会组织就是关系网络的平台，志愿者与参与者相当于把关系"嫁接"到组织中，以社会组织为核心发展交往圈子。通过组织介入再生产出的社会资本依然具有一定的脆弱性：一旦组织撤出社区，这种公共生活与社会交往的平台就会消失，平台的消失会使这种依托组织建构的关系网络迅速解体。要从根本上改变这种脆弱性，终究还需从社会结构入手。这并不是要在农民工社区中再造传统熟人社会，而是赋予新生代农民工和城市居民同样的权利。这就需要城市主体转变发展观念与策略，抛弃城市自我利益保护意识，不再将新生代农民工视为"二等公民"，为他们提供和城市居民相同的公共服务。只有这样，才能让新生代农民工拥有融入城市社会的公平机会。当新生代农民工融入城市社会且不再被视为"他者"时，他们才能将关系"扎根"于城市，才有机会建构自己的社会网络，他们的社会资本才能重新嵌入城市社会结构之中并发挥应有的功能。

社会组织的实践为我们研究农民工社会资本提供了一个有意义的视角，由个体的关系资本再生产向组织介入的社会资本再生产转向，应该是新生代农民工在城市社会实现社会资本再生产的有效机制。社会组织介入的社会资本再生产机制，或许能对城镇化中的人际关系重建与社区秩序维持起到一定的借鉴作用，即在社会结构转换过程中促进社会资本功能的平稳过渡。

结语

社会组织具有规模小、相对灵活的特点，能够对人们的需求做出更灵活而有效的回应。尽管社会组织还未被看作解决发展等相关危机的方法，但社会组织的作用越来越凸显。在托克维尔看来，"如果人类要保持文明的状态或变得文明，结社的艺术就必须以与平等状况的改善同样的比例增加和提高"[①]。一个半世纪后，随着传统制度纽带的弱化，人们可以采取新的形式重新联系在一起，包括中国在内的世界正在发生一场结社的革命。1978年12月，党的十一届三中全会宣告了改革过程的开始，也唤醒了中国社会的主动性和创造性。在政府的大力支持下，中国非营利部门蓬勃发展。

近年来，在推进社会治理现代化过程中，中国社会组织的活动范围、规模和影响作用都在持续增长。面对进城农民工在日常生活中获得市民权利过程中的种种问题，社会组织作为国家提供服务的创新探索主体大量出现。这些组织的注意力多在以改善不良的社会和经济状况为目标，以增权为核心观点开展服务，协助农民工群体获得市民权利。这些组织虽然是介于政府与基层的服务对象的中介，但实际上多以自上而下的方式提供服务，很难让农民工群体参与到服务和管理中来。我们需要注意部分社会组织存在的问题：社会组织作为组织，其灵活性可能被夸大。社会组织也难免处于灵活性和有效性、基层控制和行政责任、短期回应性和长期的组织维持等紧张关系中。非营利组织须从实施救济或偶尔主办文化项目，转向其长期发展和社会发展目标，寻找加强其制度方面能力的途径，为重大社会问题的解决做出更有意义的贡献。此外，中国有其特有的历史根源，需要找到利用传统纽带和制度性的方法来支持新的服务方式。

第四节 "挣积分"：城市的个体化赋权与新市民身份获得

对于外来人员的户籍限制，改革开放后，经历着迟缓的松动和改革过

---

① [法]托克维尔：《论美国的民主》，董果良译，商务印书馆1989年版，第640页。

程。其间，外来人员经历了由"暂住证"到"居住证"时代的转变，深圳、上海、成都、昆明、沈阳等城市先后对外来人员实行了居住证制度。不少地方实行的是"积分制"，暂住证持有人达到了一定的积分标准，便更换为居住证。积分制有效改善了长期以来将户口作为社会福利分配核心依据的制度安排，积极探索并建立了一套新的评价体系，以此作为新市民享受城市基本公共服务的重要依据。"积分制"作为新型城镇化背景下部分地区试行的一项户籍制度改革的政策创新，取得了一定的经验效果，并有着不断扩大的趋势。

一 积分制管理的背景

世界各国在走向现代化的过程中，总是伴随着大量的传统农业部门的剩余劳动力向现代工业部门的转移。改革开放以来，中国人口迁移流动不断加快。第七次全国人口普查主要数据公报显示，在中国 31 个省份（不含港澳台地区）的人口中，人户分离人口为 492762506 人，其中，市辖区内人户分离人口为 116945747 人，流动人口为 375816759 人。流动人口中，跨省流动人口为 124837153 人，省内流动人口为 250979606 人。与 2010 年第六次全国人口普查相比，人户分离人口增加 231376431 人，增长 88.52%；市辖区内人户分离人口增加 76986324 人，增长 192.66%；流动人口增加 154390107 人，增长 69.73%。目前，农村人口的城市化并不彻底，农民工虽然来到大城市，但并没有充分享受到城市的公共服务和社会福利，也没有实现户口身份的转换，处于一种"半城市化"状态。因此，在绝大多数学者看来，随着经济社会的发展，户籍制度需要改革，并从体制、文化、经济等多个维度进行了阐释和论述。如陆益龙认为，改革开放后，随着社会流动的加剧，户籍制度在城乡分治、差别歧视等方面的不合理性日益凸显。[1] 杨风禄认为，户籍制度逐渐显示了其负面效应，带来了一系列社会问题，如"户口歧视"。[2] 虽然诸多学者论述的视角不

---

[1] 陆益龙：《1949 年后的中国户籍制度：结构与变迁》，《北京大学学报》（哲学社会科学版）2002 年第 2 期。

[2] 杨风禄：《户籍制度改革：成本与收益》，《经济学家》2002 年第 2 期。

同,但都指出了中国社会的发展必须面临户籍改革这一实践命题。在户籍改革的方向和改革道路的选择上,学者们同样提出了各自的建议。张延明和闫越琦则认为,户籍是中国社会保障资源分配体系的制度性基础,同时也是社会保障改革一道难以逾越的屏障,要逐步弱化户籍制度与社会保障制度资源分配的联系,加大公共财政对社会保障制度收入公平再分配的支持力度,消除户籍对社会保障分配的负面影响。[①] 虽然学者们都提出要改革户籍制度,并且都有各自的路径选择,但对于具体如何改革,可操作性的对策并不多。在改革时要处理好各种利益问题,同步推进各项相关配套制度改革,确保改革不会带来社会的不稳定,逐渐减少户籍上造成的不平等待遇,协调各部门之间的相互关系,施行相关配套制度改革。在党中央、国务院号召户籍改革的十几年当中,许多地方政府都在不断推进户籍改革,如郑州、河北、上海等地的户籍改革,在理论和实践上都积累了宝贵的经验。河南省郑州为了加速城镇化进程,推动有能力在城镇稳定就业和生活的农业转移人口及其他常住人口有序落户,在放宽落户条件方面力度较大,旨在吸引更多人口落户郑州,促进城市发展。然而,由于没有充分考虑当地的承载能力和农民工规模,随着人口的迅速增加,城市交通等基础设施面临较大压力,教育资源急剧紧张,社会保障部门的压力增加,社会治安问题凸显。上海的户籍改革为市民身份的转变提供了一个明确的通道,指明了外来人口获取上海市常住户口的具体路径,但申请者必须同时具备几个条件才能入户,任何一个条件不符合就可能"一票否决",并不具有针对所有外来人口的普遍性。

二 "积分制"户籍制度改革的内涵和典型实践

户籍制度改革中的"积分制"是指通过科学地设置积分指标体系,将城市外来务工人员的各方面情况转化为可以量化的分值,通过积累分值的多少决定能否享受、享受多少城市公共服务待遇,或者能否成功入户城镇的一项户籍制度改革的政策创新。积分制是一种向外来人口个体化赋权

[①] 张延明、闫越琦:《淡化户籍对社会保障的影响》,《中国社会保障》2009年第12期。

的路径。①

(一) 广东省积分制入户

广东省试行积分制入户以解决农民工对入户城镇的需求。《关于开展农民工积分制入户城镇工作的指导意见》指出，积分制入户是指通过科学设置和确定积分指标体系，将办理居住证、纳入就业登记和缴纳社会保险的农民工具备的入户城镇的条件进行指标量化，并对每项指标赋予一定分值，当累计积分达到规定分值时，即可申请入户城镇。广东省积分制入户的积分指标体系由个人素质、参保情况、社会贡献及减分指标四项省统一指标与地级市根据地区实际情况的自定指标组成。地级市自定积分指标应当包括居住、就业、投资纳税等情况，具体指标和分值可根据当地产业发展和人才引进政策设定。可见，在新型城镇化背景下，广东省试图以设计巧妙、定量化的"积分制"政策筛选出符合城市需要的工种、人才，并依此推行户籍制度的改革，逐步满足农民工对城市户籍的需求。

2010年广东省开始实施积分制入户政策，率先打破了户籍壁垒的坚冰，在全国具有范本和试验意义。东莞市参照省政府办公厅意见，并结合本市经济社会发展实际情况，于2010年9月发布了《东莞市积分入户暂行办法》及《东莞市积分制入户管理实施细则》。东莞积分制入户根据全市经济社会发展情况进行宏观规划，按照"总量控制、统筹兼顾、分区排名、依次轮候"的原则，在本市行政区域内就业、经商的非本市户籍人员，且已办理《广东省居住证》、缴纳社会保险的可按细则申请积分入户，对申请人申请入户的条件进行量化评分，当申请人累计积分达到规定分值时，即可在计划指标数额内按个人得分从高到低依次排名轮候获取入户资格，经公示无异议的，可在申请镇街获得入户资格。

中山市农民工积分制管理的基本情况。2009年，中山市政府率先出台《中山市流动人员积分制管理实施细则（试行）》，开始了一种全新的户籍改革探索。中山市的流动人员积分制管理没有任何"一票否决"的前置条件，全国各地的各种学历、身份、职业的外来人口，只要按照指标

---

① 李煜、康岚：《个体化赋权：特大城市中新"土客"关系的调适路径》，《江苏社会科学》2016年第2期。

进行积分，达到一定标准就可以申请入户。正是在这个意义上，它具有自由流动和户籍改革的普遍意义。

2010年中山市首轮积分制，共提供3000个入户指标、6000个入学指标。从实施情况来看，流动人员参与意愿较强，全市流动人员成功申请积分登记管理总量为33682人，占农民工总数的2.85%。全市共受理积分入户申请4684人、入读公办学校申请6070人，经分区排名、审核公示，最终实现2139名流动人员获得入户中山的需求，解决了4318名流动人员子女入读公办学校的问题，入户、入学申请成功率分别为45.7%、71.1%。中山市迈出了以基本公共服务均等化和社会管理规范化为目标的农民工服务管理工作体制改革的关键一步。

中山市流动人员积分制管理根据地方政府的人才需求和财政承受能力，综合考虑流动人员在当地的连续工作年限、文化程度、技能水平、投资规模、纳税额度、获奖等级、遵纪守法等情况进行积分登记，累计达到一定积分数额，可享受入户及入读公办中小学待遇。据统计，中山市大部分镇区积分入户保持在30分以上，入学约20分，充分体现了"低门槛、渐进式"的户籍制度改革方向，以及农民工基本公共服务"普惠制"的发展趋势。积分制的制度建构有利于突破城乡二元结构的桎梏，解构依附于户籍制度的基本公共服务。在制度层面打破了长期以来城市户口准入标准及以户口为标准来决定能否享受城市社会保障和公共服务的惯例，这必将有力地推进城市化进程。在具体积分标准方面，中山市侧重个人素质得分，包括学历和专业技术资格。该项最高得分可达到190分，远远高于其他项目。中山市希望通过积分入户引进人力资源的意图明显。不同于上海等地的积分准入制注重人才、房产和资本，中山市的积分入户政策还从两个方面出发照顾农民工群体的入户需求。一是设置工作经验积分等普适性项目；二是降低入户门槛，积分60分即可申请入户。中山市创新性地针对外来务工子女就学的迫切需求，放宽准入要求，只需积分达到30分就能申请进入公办学校就读；积分60分，无须入户也可以申请承租公租房；同重庆市户改中设置"三年过渡期"类似，中山市也做了相关规定，对积分达到入户中山市条件并取得入户指标但暂不想入户的流动人员，3年内可在居住地享有绝大部分本地户籍待遇。①

深圳市于2012年印发《深圳市外来务工人员积分入户暂行办法》，似乎给了想留深圳长期发展的人一线曙光。解读深圳积分入户综合评价指标及分值表可以发现，其主要适合高学历高技能者。对于学历不高却默默在这片土地耕耘多年的人而言，似乎还是一潭死水。2014年积分入户政策又发生重大改革："双高"证书积分由70分降为40分；高中、职高、中专和中技不再积分；年龄40—45岁，每岁减2分，年龄45—48岁，每岁减5分，高级技师不减分。于是很多人越发惆怅，成为深户人似乎还只是一个梦。从这份评价指标和分值表可以看出，与学历无关却加分最多的是专项职业能力。就像某些培训机构所言：积分入户，不再是梦！在这些国家统一鉴定职业技能中，绝大多数都与专业知识或学历有关。

（二）《上海市居住证》积分制度

上海市自2013年7月1日起施行《上海市居住证积分管理试行办法》，在上海合法稳定居住和就业者可以积分，达到120分的标准分值后，可以享受子女教育和社保等方面的公共服务待遇，农民工也可以凭积分融入城市。上海市试图借此进行户籍制度的改革，满足城市外来务工人员对城市公共服务和福利的需求。《上海市居住证积分管理试行办法》指出，居住证积分是指通过设置积分指标体系，对拥有合法稳定居住和稳定就业的居住证持有人进行积分，将持证人的个人情况及实际贡献转化为相应的分值，当积分累计达到一定程度和特定的标准时，可以享受相应的城市公共服务待遇。居住证指标体系由基础指标、加分指标、减分指标及一票否决四部分组成，细分为年龄、教育背景、专业技术职称和技能等级、工作和缴纳社保年限、紧缺急需专业、投资纳税、表彰奖励等若干子积分指标项目。可见，上海市户籍制度改革的"积分制"实质上是以居住证为载体，通过将城市外来务工人员的自身情况或实际贡献换算成能够量化的积分，在此基础上持证人依据累计积分的多少享受相匹配的城市公共服务和福利标准。

---

① 郑梓桢、宋健：《中山市流动人口积分制管理存在的问题及对策分析》，《南方人口》2011年第4期。

(三) 小结

对农民工而言,积分制是一项普惠性制度。许多地方在入户准入政策实施过程中,流行采取选择性政策,即主要侧重那些具有技能与物质资本(如住房)的人入户。广东省的积分制则除了坚持人才与资本入户,还通过居住年限、务工时间等条件对普通农民工开放。对比成渝改革将入户对象限定为本区域户籍人口,则突破了地域限制,有利于广大区域流动的农民工;对比上海等地实施的居住证人才入户政策,照顾到农民工群体,具有社会公平意义。户籍制度的本质问题终究是要求城市公共福利体制进行相应改革。"积分制"作为户籍制度改革政策创新的一种,无论表现为积分制入户还是居住证积分制(或者其他任何形式),归根结底都是发挥着重新调整分配城市福利的作用。然而,在新型城市化背景下,它们在各自地区内整个户籍制度改革体系中扮演的角色功能是不一样的。广东省积分制入户从一开始设置积分指标体系到累计达到基本分值,再到满足计划指标总量控制,最终到成功入户城镇后享受市民待遇,是一个居民从农村户籍转变为城市户籍的完整的户籍制度改革体系。但广东省积分制入户实施过程中,对其他最终没能成功入户人群的福利问题有所忽视,即广东省户籍制度的积分制重农民工入户的结果,轻渐进性福利供给的过程。上海市居住证积分制则从设置积分指标体系出发,累计满足标准分值后直接享受相应的城市福利,即上海市的积分制是一个"残缺的"户籍制度改革体系,其缺乏一个与居住证积分制一脉相承的最终入户制度。正是如此,上海市的居住证积分制在实施过程中需要结合居住证转常住人口制度才能构成一个完整的户籍制度改革体系,实现从居民农村户籍到城市户籍的转变。但相比于广东,上海的积分制却很好地做到了关注城市外来务工人员的城市福利供给这一渐进性的"过程"。[①]

三 积分制的实施

城镇化是中国现代化建设的重要抓手,如何更好更快地解决农民工市

---

① 李育林:《新型城镇化背景下户籍制度改革的"积分制"探索——基于广东、上海的比较》,《广东广播电视大学学报》2014年第2期。

民化问题成为提高城镇化质量的关键。积分制将外来人口依据积分的制度规定进行登记和管理，用积分的技术来平衡各方面的利益，引导农民工沿着政府规划的路径去发展，从而实现市民化。总的来看，流动人口积分制政策经历了三个发展阶段。一是市域探索阶段。中山市参考国际移民的做法，从2007年起，先后在小榄镇、火炬高技术产业开发区、东升镇三个镇区开展流动人员子女凭积分入读公办学校的试点。在试点基础上，2010年，出台《中山市流动人员积分制管理暂行规定》，在全国率先探索施行流动人口积分管理制度。二是省域试行阶段。2010年，广东省出台《关于开展农民工积分制入户城镇工作的指导意见》，随后广东省的惠州、深圳、揭阳等市出台积分制政策。从2012年开始，温州、上海、天津、厦门结合实际，制定本地区的积分制政策。随后，上海（2013年7月）、天津（2013年9月）等地开始试行积分管理制度。三是全国推行阶段。在珠三角和长三角地区"滚雪球"式扩散之后，2014年国家启动新型户籍制度改革，国务院相继出台《关于进一步推进户籍制度改革的意见》《居住证暂行条例》等系列户改新政，流动人口居住证积分制实现了从地方政策到国家政策的重大转变。尽管积分制在各地实施有差异，但在内容上多与农民工及其家庭息息相关。

积分入学。积分入学政策是根据流动人口参加积分管理累计的分值和当年度公办学校起始年级（小学一年级和初中一年级）的可供学位数，分学校或区域按积分由高到低的顺序安排适龄儿童进入义务教育阶段公办学校就读的入学管理办法。目前诸多城市积分入学的人群广泛，甚至大部分城市已经取消最低分数线，而是根据当年申请人的积分情况与公办学校学位数分区动态划线。从各地最新施行的居住证积分入学政策来看，基本的运作逻辑大体相似，即流入地政府以居住证为载体，根据流动人口的积分情况赋予其随迁子女差异化的教育权利。珠三角与长三角地区是中国最具活力的经济区，也是流动人口和随迁子女大规模聚集区，为了将随迁子女入学纳入有序的管理范围以及使得教育资源得到合理调配，各地方政府只能实行积分入学政策。其具体做法就是将资源供给矛盾以"辖区内安排"为总原则加以化解，即流动人口申请暂住地的积分学校，范围上可能包括1—5个对应学校。① 这一政策一来能缓解城区学位紧张问题，二来也能给一些薄弱公办学校增补生源。积分入学已成为地方政府优化公共服务与提升政府绩效的重要举措之一。

积分落户。积分落户制度是新型城镇化背景下，中国城市户口迁移政策的制度创新。改革开放以来，中国户籍管理制度对外来人口进入城市落户的管控在改革中逐步调整松动，2000年后逐渐对集镇、小城镇、中小城市等有合法稳定就业、住所的外来人放宽了落户限制。但对大城市而言，除了工作调动、人才引进等渠道外，普通流动人口特别是农民工在城市落户依然缺乏明确的规范以及制度化的落户渠道。2008年，广东省中山市政府率先拿出3000个入户指标，在全市开展农民工积分入户试点工作，引起积极反响；2010年，中山市政府出台《流动人员积分制管理暂行规定》，确定对流动人员落户本地实施积分制管理政策，迈出了户籍管理创新的关键一步。随后，各地特别是发达地区开始了积极探索。2014年，国务院正式印发《关于进一步推进户籍制度改革的意见》（以下简称《意见》），为加快推进户籍制度改革明确了路径和要求。《意见》中提到的积分落户，是指通过设置一套指标体系，对外来人员落户本地的条件进行指标量化，并对每项指标赋予一定分值，当累计积分达到规定分值时即可申请落户。积分落户制度的目的就是通过设置科学合理的阶梯式落户通道，吸收符合城市发展需要的外来人口，从而缓解城市人口老龄化带来的危机。实施积分落户城市（省份）均对申请人资格设置了明确条件：共性要求持有本地居住证、年龄限制、合法稳定就业、连续缴纳社会保险、无违法犯罪记录等。② 积分落户政策展现了政府对外来务工人员管理的积极导向：给有稳定工作的农民工以身份肯定，一方面可以缓解"用工荒"；另一方面对有贡献的农民工也是一种鼓励，踏踏实实地干，就可以落户。

积分入居。对农民工提供住房保障，过多或过少都会引发很大的社会

---

① 王毅杰、卢楠：《随迁子女积分入学政策研究——基于珠三角、长三角地区11个城市的分析》，《江苏社会科学》2019年第1期。

② 孙婕：《积分落户制度实施模式比较研究》，《中国人民公安大学学报》（社会科学版）2018年第4期。

矛盾。很多地方政府担心给农民工提供住房保障形成所谓的"福利洼地"。有学者提出,要解决这个问题,可以进一步尝试户籍积分制和社会保障卡的配套提供,让农民工及城市间迁移人口等外来流动人口随着就业年限、居住年限、城镇参保年限和对当地贡献的增长,而不断接近当地公共服务和公共福利的进入权限,直至获得落户资格,享受与本地户籍人口完全一样的公共服务。[①] 广东省人民政府印发《广东省新型城镇化规划(2021—2035年)》,将外来务工人员完全纳入城镇住房保障体系,进一步扩大公租房、保障性租赁住房、租赁补贴和住房公积金的范围。深圳、珠海、佛山、东莞等城市人口净流入量多,需求量大,逐步将新就业无房职工和在城镇稳定就业的外来务工人员纳入住房保障范围,这意味着今后政府将大力推动居住证制度扩面提质。

四 积分制:分级吸纳还是基于个人能力的挑选

从20世纪50年代末到改革开放前,国家呈现出明显的城乡二元结构状态,普通农民社会流动的可能性较小;改革开放后的"打工潮",在事实上破除了城乡之间的空间区隔,这也意味着各收入群体共处一个物理空间。尽管身份制(如户籍、教育背景等)仍在一定程度上对社会流动产生影响,但社会流动已主要由市场机制发挥主导作用,这使得农民工群体的流动有了更多的渠道。入户的目的是享受户籍市民待遇,积分制的灵活性在于,可以允许达到积分的农民工享受一部分待遇,如子女就读,或享受和城市居民完全一样的待遇,而不需要迁户口。积分制根据年龄、学历、职称、纳税、投资、社保等积分,将个人情况和贡献等转化为相应分值,积分达标准分值的持证人可获同住子女就地参加中高考等服务。该变化使农民工获得公共服务的规则变得相对灵活,让更多农民工看到了希望。居住证积分制具备变条件管理为积分管理、积分标准多元化且动态可控、公共服务梯级化、突出能力和贡献导向、重视本地利益、促人向上等优点,但也存在忽视低收入农民工服务管理、以效率手段解决公平问题、

---

① 陈杰:《农民工住房须纳入城镇化规划体系》,《中国建设信息》2014年第19期。

关键性服务可能虚化、难防造假寻租等不足。①

第一，居住证积分体系本质上是以效率手段来解决公平问题。从城市发展和竞争择优的角度看，该做法似合情合理，实际上居住证积分制"欢迎"的是年轻人、高学历者、高技能者、多纳税者等，高学历、高技能者获得了准市民待遇，而非低学历者和低技能者，显然后者比前者更需要公共服务。长此以往，地区之间、社会群体之间的贫富分野会越来越大。在实践中居住证制度是"累计赋权"式政策，存在人才偏好明显、普惠式赋权不足等问题。②流动人口的高人力资本化、城市定居倾向化、流动模式家庭化，使得流动人口群体由经济需要向权益保障、子女教育、家庭发展、户籍获得等多元化方向转变，这要求居住证等政策予以回应。③积分落户政策的选择性原则和效用性原则，实际上反映了地方政府所侧重的是居住证制度的工具性目标，而非社会政策的"公平性"等价值性目标，这在一定程度上影响了制度实施的效果。④《中华人民共和国国民经济和社会发展第十四个五年规划和2035年远景目标纲要》指出了改革方向，即必须深化户籍制度改革，健全以居住证为载体、与居住年限等条件相挂钩的基本公共服务提供机制，提升新型城镇化发展质量。

居住证积分制的设计借鉴了美国、加拿大、澳大利亚、英国、德国、中国香港地区的移民办法，以确定指标和权重，并将该借鉴视为制度设计合理性的证据之一。该观点值得商榷。境外移民与境内地区间人口流入性质完全不同，前者彼此间没有共同富裕的义务，后者彼此间却有这样的义务。劳动力市场理论认为，现代资本主义的内在发展趋势构造了一个双重部门的劳动力市场，即在那些拥有大量移民的城市中，城市劳动力市场事实上分为三层，即有稳定雇佣年限、高工资、高福利和良好工作环境的劳

---

① 谢宝富:《居住证积分制：户籍改革的又一个"补丁"？——上海居住证积分制的特征、问题及对策研究》，《人口研究》2014年第1期。

② 王春蕊:《论农业转移人口市民化进程中居住证管理制度的完善》，《中州学刊》2015年第6期。

③ 梁土坤:《流变与冲突：居住证制度的演进逻辑与发展方向》，《社会政策研究》2022年第4期。

④ August Österle, "Evaluating Equity in Social Policy: A Framework for Comparative Analysis", Evaluation, Vol. 8, No. 1, 2002, pp. 46–59.

动力市场第一部门，不稳定、低工资、有限福利和恶劣工作环境的劳动力市场第二部门，移民企业造就了第三部门劳动力市场对新移民的不断需求。发达城市发展既需要外来高收入者、高学历者、高技能者，也离不开外来低收入者、低学历者、低技能者。通常情况下，后者比前者更需要公共服务。

第二，不够申办居住证条件的农民工服务管理问题有待解决。申办居住证需具备"在本市合法稳定居住""在本市合法稳定就业，参加本市职工社会保险满6个月"等条件。这些条件虽不高，但会把大批低收入农民工（尤其是城乡接合部低收入农民工）排除在外。低收入农民工存在租房时不签租房合同、就业时不签劳动合同、经商时无营业执照的情况，根据现行居住证积分办法，这些人获得居住证及其积分的可能性较小，得不到相应的公共服务。而他们通常又是城市的弱势群体之一，比能申办居住证者更需要公共服务。

第三，与居住证及其积分制对应的一些关键性公共服务可能落不到实处。居住证积分制带给普通持证人的关键福利是同住子女可就地接受义务教育，带给积分达标的持证人的关键福利是同住子女可就地参加中高考（即异地中考、异地高考）。这些关键福利较易流于形式。根据规定，普通持证人可为同住子女申请在本市接受义务教育，由居住地区（县）教育行政部门按照有关规定安排就读。但是，申请成功的概率有多大？被安排的学校是否与户籍学生一样？在未明确规定普通持证人同住子女可就地参加中考的情况下，有多少人敢让孩子接受被安排的义务教育？所有这些均无明确说明，在实践中不仅容易导致一些关键性福利落实不到位，还会为腐败寻租提供方便。

第四，对低人力资本收入的农民工不公平。在西方国家，从本国经济发展和居民利益出发，对国际移民准入进行打分，不存在不公平问题。事实上，那些吸收移民的主要国家都公开宣布，吸收移民是为了改善本国人口老龄化趋势、增加财政收入、提高劳动生产率等。但在一国之内，所有居民理应得到同等的基本公民权利和福利，这样打分是否合理就需要反思了。当前积分的标准向高学历者倾斜，如中山市规定高中学历加15分，本科学历加80分，硕士以上加100分。而多数农民工是高中以下学历，基本上达不到标准。其实，东部地区城市紧缺的劳动力并不全是高技能的，这些地方也需要农民工群体。

第五，积分制可能会加大地区差距和城乡差距。积分选择的结果很可能是高学历的、优秀的、有能力的人往东部地区迁移，西部地区、农村地区人才流失进一步加剧。这比原先有户籍限制和户籍完全放开两种情况下产生的差距都要大。若户籍制度放开，那些低技能农民工可能有更多机会留在东部地区城市，有助于劳动力转移，缩小收入差距。在严格户籍制度下，一些人力资本较高的农民工会选择回流，将技术、经验、资金带回农村或中西部地区，促进当地经济发展。当然，笔者并非赞成通过户籍制度阻止劳动力流动来缩小地区差距。

五 积分制的后果：回不去的农村

（一）由他律转向自律

对地方政府而言，通过积分政策的引导，流动人员的行为由他律转向自律。2012年，中山市的公安部门对所有参与积分入户的人员进行审核，未发现一名违法犯罪人员。流动人员参保情况、居住登记、社会公益等的得分情况明显提升，得分率也相对较高。在取得入户入学资格的人员中（不包括小榄镇入学数据），有5324人取得了参保情况得分，占85.21%，同比上升21.96个百分点；有5516人取得了居住登记得分，占88.28%，同比增加近一倍；有1524人取得个人从事志愿服务、无偿献血、捐赠等公益服务得分，占24.39%，人数增加超一倍。

积分制的创新揭示了政策引导与个体需求耦合作用下的行为转型机制，其深层逻辑体现了制度设计与行为响应的双向建构过程。当社保参保与入户资格关联后，原本作为生存保障的基础需求被赋予了社会身份认证的附加价值。这种价值叠加效应促使流动人口主动将短期生存需求纳入长期发展框架，反映了地方政策引导激活了农民工对美好生活的追求更具体化。当政策将居住登记转化为可累计的"城市积分"时，规避损失的"损失厌恶"心理与追求收益的"确定性效应"形成了合力。这种心理机制在流动人口群体中尤为显著——他们更倾向将政策要求转化为可量化的行动指南，使原本被动的登记义务转化为构建城市生活的主动策略。这种多维度的政策响应机制，不仅重塑了流动人口的行为模式，更在制度执行过程中形成了自我强化的治理生态，当越来越多的受访者认为"积分入户使生活更有规划性"时，政策工具已转化为个体发展的内生动力，标志着从外在约束到自主治理的深刻转型。

（二）意外后果：指标剩余

从积分制实施情况来看，制度的设计与制度的实际运作及实践效果还存在相当的距离。受各种因素的制约，表面上看似逻辑严谨、设计合理的制度，在实践运作过程中往往会出现各种各样的问题，出现制度设计者想象不到的"指标空余"的"意外后果"。同时，制度的作用对象不是被动的接收者，制度也不是外在的制约结构，而是内在于行动之中，是制度实践过程中各方参与者行动"结构化"的产物。制度从设计到实施的过程，都是制度设计者与制度受动者互动的实践过程。农民工群体会对制度进行观察与适应，而随着制度不断地修改调整，农民工对积分制的认识会越来越趋向理性，他们所做的选择也会反映出积分制制度变迁的绩效与边界。

六 菜单式服务——一条可循的路

当前农民工分化程度明显，在流动半径、职业选择、城乡取舍等人生规划方面表现出较大的差异性，有学者提出要增强新发展阶段农民工服务工作的针对性和有效性，应实施差异化战略，分层分类制定和落实农民工市民化政策，以"愿落尽落""应落尽落"为原则推进重点人群落户。[1] 在借鉴郑梓桢、宋健提出的"区别式的服务"[2]的基础上，笔者提出一个"菜单式服务"的方式。按照先易后难、意愿优先的原则，应加快推进县域内农民工市民化，重点突破跨省农民工市民化的制度障碍。在调研中了解到，部分流动人员没有申请积分制或放弃入户的一个主要原因是不想放弃农村的土地。在这种情况下，可以考虑根据流动人员的不同需求提供区别式的服务。比如对农民工的服务需求进行广泛而深入的调查与研究及继

---

[1] 程郁等：《分层次推进农民工市民化——破解"愿落不能落、能落不愿落"的两难困境》，《管理世界》2022年第4期。

[2] 郑梓桢、宋健：《中山市流动人口积分制管理存在的问题及对策分析》，《南方人口》2011年第4期。

续完善积分制的基础上，针对流动人员在教育、住房、卫生等方面多层次的服务需求，可以将积分制分为三个菜单，农民工可根据自己的短期和长远需求进行选择，并根据指标要求进行积分积累。第一个层次针对只想解决小孩教育问题的流动人员，可以在教育资源允许的情况下给予最宽松的准入条件。第二个层次针对不愿放弃土地但仍想获得城市居民待遇的流动人员，可以以入户的标准来要求这部分流动人员，但达到入户资格后不强迫其办理入户手续，成为真正的本地人，而是给予特殊标记，使其在外籍户口的情况下享受与本地居民完全相同或部分相同的服务待遇。第三个层次是想入户的流动人员，在达到入户资格后办理相关手续，成为实实在在的本地人，自然而然享受所有当地的基本公共服务。这样一来，就可以惠及更多的群众，扩大享受基本公共服务的群体，满足了广大农民工的多元化需求，也兼顾了城市承载力。

"积分制"在实施过程中必须做到"过程"与"结果"并重。作为户籍制度改革中一种重要的政策创新，"积分制"应该自成一套政策体系。试行"积分制"户籍制度改革的地区或城市，可以逐步将"积分制"建立成一套完整的、"有始有终"的户籍制度改革体系。在这一体系中，既能让已经完全达到入户城镇条件的人群享受与当地城市户籍人口同等的城市公共服务待遇，也能让暂时不完全具备入户城镇条件的人群享受到与自身条件或情况相对等的城市公共服务待遇。

面对大量农村人口，大中城市户籍制度短期内完全放开并不现实，采用积分制的模式不失为一种过渡办法，但也不应是户籍制度改革的最终出路。从促进劳动力流动的目标出发，有两方面的政策可先行：一是将社会保障在全国层面统筹，二是推动农村土地流转。

社会保障通常应该在全国层面统筹，以避免劳动力跨地区流动产生的携带转接等问题，尤其是养老保险，从缴费到领取有几十年的时间，转移问题最为突出。理论上讲养老保险应由中央政府管理和支出，一些国家的基本养老金支出的确如此，如美国、英国、德国。中国当前养老保险在省以下层级统筹，不利于劳动力流动，也不利于流动性较强的劳动力参保。中国地区内城乡之间的养老、医疗保险在很多地方已经统一，难点是需要在地区间实现统筹。技术不是问题，成本也不是问题，问题在地方政府的激励,但这一改革方向应该是大势所趋。

农民工逐步成为新产业工人阶层的重要组成部分,他们的市民化意愿更加强烈,不仅对基本公共服务保持旺盛的需求,对个性化、专业化、信息化的非基本公共服务也提出了新的要求。因此,需要继续加大公共服务供给侧结构性改革,打造"扁平化"的农民工基本公共服务需求的供给体系,矫正服务要素配置扭曲现象,提高服务供给质量,[①] 扩大有效供给,提高服务供给结构对服务需求变化的适应性和灵活性,促进农民工市民化的持续健康发展。

---

① 谢宇、谢建社:《农民工基本公共服务供给侧改革路径新探》,《江西师范大学学报》(哲学社会科学版) 2019 年第 5 期。

第五章

制度性再整合：个体化与专业知识的调用

第一节 个体化与专业知识的调用

正如前文所述，中国的国家与个体的关系正发生着巨大的变化，以功能为标准的高度分化的社会正在形成。去传统、脱嵌、书写自己的人生，以及更加独立和个体主义的压力，这些西欧个体化的特征也正在中国社会及其个体上显现出来。① 新生代农民工以个体或群体的方式，面对社会领域的矛盾，应对系统性的社会问题，寻找个别化的方案。

然而，"为自己而活"高度的社会化存在，最终要依赖于制度。尤其是在国家管理的个体化过程中，个体遭遇的种种困境更需要制度性的应对和解决。事实上，国家正通过身份证制度、劳动关系制度等多种社会制度实现着对个体的管理，古拉斯·罗斯所说的"事业的自我"（enterprising self）和阎云翔所说的"奋斗的自我"（triving self）已经形成，但自我管理、自我负责的伦理话语及与之相关的实践并没有形成"自治的自我"，因而，出现了阎云翔所说的"无公德的个人"。如何填充这个空间成为国家管理下的个体化的重要问题。进一步讲，在个体化社会中，国家需要解决的问题是，如何将已经个体化了的个体再道德化，将国家规制的话语有效地渗透到新生代农民工的生活世界中，进而将个体置于对他人和社会的责任网络中去规制他们的行为。

---

① [美] 阎云翔：《中国社会的个体化》，陆洋等译，上海译文出版社2012年版，第1—12页。

一 个体化、风险和再整合

根据贝克的风险社会理论，个体化进程实际上导致了个体与社会之间一种新的直接性（immediacy），社会问题直接体现为个体的问题。对于以个体问题形式出现的社会问题，人们越来越从个体的心理倾向来看待和感知社会问题，人们不再把个人的境遇与结构性因素联系起来，不会去寻找它们的社会根源，而是寻求个体心理的解释。社会不平等并未消失也是从个体化角度被重新界定，对于个人成就的强调兼具使社会不平等正当化的功能。在中国社会个体化过程中，个体自身成为再生产单位，成为自我生涯规划和组织的行动者。通过一系列社会制度的设置和调整，个体不仅被规训为自我负责、自我管理的主体，政府和个体之间似乎也达成了一种隐性的契约，个体为自己的事务负有主要责任。这样，减少个体对国家和社会制度特别是福利制度的依赖，风险被个体化了。农民工社会问题直接体现或表述为个体的问题，直接回到"个体"那里去找答案。熟练的社会统计技术使国家及其代理人（如社区组织、服务机构）将作为主体的个体视为整个人口的一部分，并通过风险评估程序、数据匹配和社会分类技术加强了监管力度。[1] 个体的特征与特定的风险如贫穷、恐怖等社会问题联系在一起，由于描述出的风险治理是基于风险及风险情境的个性化，而避开了这些风险的社会解释。在这种情况下，社会危机看起来是由个人危机所致，而与社会范畴无关，突出个人成就和能力的话语也使社会不平等正当化和合法化了。在个体化社会中，农民工群体的社会资源匮乏、自身能力不足，导致他们具有较弱的防范与化解风险能力，进而陷入焦虑状态。"自我的缺陷"是现代个体的典型忧虑。三十多年高度浓缩的现代化过程冲击着中国的社会结构，"尖塔式"的社会结构正在形成，[2] 不平等的风险分配得以产生。现代风险与个体化趋势不断共生互构，造就了农民

---

[1] Kai Eriksson, H. Vogt, "On Self-Service Democracy: Configurations of Individualizing Governance and Self-Directed Citizenship", *European Journal of Social Theory*, Vol. 16, No. 2, 2013, pp. 153–173.

[2] R. Colin Reid, Neena L. Chappell, jessica A. Gish, "Measuring Family Perceived Involvement in Individualized Long-term Care", *Dementia*, Vol. 6, No. 1, 2007, pp. 89–104.

工的"个体易受伤害性"和"社会易受伤害性"。风险的生产和分配与财富生产和积累的逻辑相互叠加，迫使政府需要调整和创新其治理社会的方式。

福利制度是西欧社会个体化过程的前提，也是个体再嵌入的基础。在缺乏这样前提条件下的中国社会的个体化，作为人民权益的"保护者"角色的政府需要在社会政策和社会保障方面进行直接或间接的干预，需要设计工具性的整合方式来将这个群体再嵌入城市社会中，借助专家系统和专业实践以提供规避和化解个体化社会风险的机制和行动策略。

对于社会组织而言，理想的移民是被赋权的。通过赋权，知晓其权利限制和各种可能性。在某种程度上，这个理想移民就是公民主体。与国家宏观上构建理想人民的意图相比，以社工为核心的社会组织构建理想市民的过程更为隐秘。很多社工组织扮演倡导者和服务者角色的过程，实际上就是构建问题化移民和塑造新市民的过程。

二 "问题人口"的风险

在个体化进程中，新生代农民工也承担着个体化带来的未预期的社会后果，如传统社会网络的式微、社会交往的减少、人际情感的淡化、心理疾病的增多等。对未来的迷茫、身份的扭曲、对不公待遇的愤懑以及无法守护亲情的愧疚等因素相互影响并叠加在一起，使得他们容易产生心理健康风险，甚至会出现反社会的行为，进而促使他们从风险的承担者角色转变成社会风险的制造者。

这种风险还具有代际继承的特征。由于监护人不到位，留守儿童的情感危机和心理安全问题逐渐显现。留守儿童在一个不完整的家庭里成长，无法从家庭中获得完整的情感体验和情感教育，出现了孤僻、任性、烦躁、易冲动，甚至有较强的逆反心理。他们被隔代抚养，过早地扮演着成人的角色，虽然享受了父母外出打工带来的相对富足的物质生活，但与父母的感情淡漠。2021年春节期间，笔者在湖南乡下拜年时，3岁左右的小孩对打工回家的妈妈YG（C02－YG）没有亲密感，YG拿出新玩具、新衣服等诱惑他时，他虽然心里很想要，却把头低下，不时地偷瞄玩具和这个被称为"妈妈"的人。晚上睡觉被要求和自己父母一起睡时，小孩非常痛苦，大哭不止，睡梦中喊着的仍然是"爷爷"，而非"妈妈"。几天下来与父母熟悉后，小孩则用耍赖、无理由的哭闹来反映自己的需要、对母亲的依恋以及对父母可能又突然"消失"的恐惧。这种陌生感同样也发生在留守的青少年身上。11 岁的乐乐穿着某知名品牌的运动装沉迷于手机游戏，跟春节返乡回来的受访者 YY（他的爸爸）要钱交话费，YY 怪他花钱太多、太快，试图在给钱的同时进行一番教育，乐乐没等 YY 说完，就向一直抚养他的姑姑撒娇求助，姑姑埋怨着把 100 元给了乐乐，乐乐又提出要求骑姑姑的新摩托车去充话费，也得到姑姑的应允。这个场面让 YY 有些尴尬。乐乐的姑姑说："乐乐是以充话费为借口去村里的网吧上网去了。这也没办法，毕竟不是自己的孩子，而且处于青春期，所以不太敢管……村里的网吧把好多小孩都害了。"有人甚至担心，这是农民工子女成长前景的一个预警，如果不及时干预，对自身、家庭、城市甚至整个国家未来的影响将不堪设想。对于不断出现的以暴力、公开的斗争（如罢工、停工）为手段来获取社会权利的现象，如果地方政府不加以妥善处理，可能会引发大规模的社会动乱，防范、治理甚至化解风险对于个体及国家都有重大意义。

三　制度性再整合

制度性再整合和控制与"脱嵌"一样是个体化进程的重要特征，伴随着个体的脱嵌过程而发生。再嵌入是应对个体化社会后果的重要一环，没有再嵌入的个体化不仅是不完整的，还会造成一种社会风险。[①] 在贝克看来，"再嵌入"是一种标准化、全球化过程，这个过程强调的是对制度或社会结构的依赖，特别是对就业市场的依赖。实际上，一个技术性的制度正在对从传统制约下解放出来的个体实行新的整合，"再嵌入"或者"再整合"是一种新的社会承诺的生产，也就是个体化的制度化。目前，中国个体化阶段的脱嵌和再嵌入问题，更多地与要求个人权利和重新界定个人、群体、制度三者之间的关系有关。

新生代农民工的制度性再嵌入问题。新生代农民工经常处于流动之

---

① 王春光：《个体化背景下社会建设的可能性问题研究》，《人文杂志》2013 年第 11 期。

中，他们脱离了原来的熟人社会关系网络，社会关系结构和性质正发生着改变。而在城市工作的不确定性和灵活性，使得他们的生活处于一种不断变动状态，这些都影响着他们的家庭关系、同事关系，城市社会的人际疏离也削弱了城市社会道德中环境对流动者的影响。中国正处于传统、现代和"后"现代三者兼具的复杂情境中，从传统关系网络中脱嵌出来的个体，没有获得应有的福利制度保障作为个体化的支持条件，流动的个体为了寻求一种新的安全网，或者为了再嵌入，不得不返回来在家庭和个人的社会关系网络中寻求保障。比如每年大规模的春节返乡、移民汇款等行为某种程度上表明，农民工这个群体试图用自己的方式维系着自身脆弱的关系网络，显示了作为主体的个人在社会个体化过程的主观努力。应该看到的是，这种观点忽视了国家在该群体嵌入社会中扮演的角色。引导这个群体一直是中央及地方政府治理中重要的工作。在改革开放的四十多年里，个体在追求个人权益方面更加主动，个人成为中国历史上社会再生产和制定政策的独立单位。国家在继续要求个体承担着实现中国式现代化的义务的同时，也担负起提供实现个人追求幸福与现代化之梦的制度性支持的重任。2000年以后，国家发展目标和战略改变，尤其关注社会的和谐，并开始采取包容性的社会政策。《关于进一步做好进城务工就业农民子女义务教育工作的意见》《国务院办公厅关于进一步做好改善农民进城就业环境工作的通知》《关于推进混合所有制企业和非公有制经济组织从业人员参加医疗保险的意见》等一系列文件，都体现了国家对农民工群体的深切关怀和重视，有助于打破城乡壁垒，促进农民工融入城市社会。2006年发布的解决农民工问题的重要指导性文件《国务院关于解决农民工问题的若干意见》，明确了做好农民工工作的指导思想、基本原则和政策措施。2008年印发的《中共中央关于推进农村改革发展若干重大问题的决定》提出，"加强农民工权益保护，逐步实现农民工劳动报酬、子女就学、公共卫生、住房租购等与城镇居民享有同等待遇"。该政策对建立城乡经济社会发展一体化制度进行了综合性布局，对改善农民工服务、维护农民工权益提出了明确要求。2010年印发的《国务院办公厅关于进一步做好农民工培训工作的指导意见》要求，"完善政府购买培训成果的机制，保证承担培训任务的院校、具备条件的企业培训机构及其他各类培训机构平等参与招投标"。2012 年，党的十八大报告强调要努力实现城镇基本公共服务常住人口全覆盖，为完善和创新农民工等流动人口的管理和服务指明了方向。2014 年印发的《国务院关于进一步做好为农民工服务工作的意见》要求，将符合条件的农民工纳入住房保障实施范围，要求"改进对服务农民工的社会组织的管理，完善扶持政策，通过开展业务培训、组织经验交流、政府购买服务等方式，引导和支持其依法开展服务活动"。农民工公共服务开始进入社会治理新阶段，其供给主体和方式逐步向多元化方向发展。2016 年发布的《国务院关于深入推进新型城镇化建设的若干意见》提出，采取市场提供房源、政府发放补贴的方式，支持农业转移人口通过住房租赁市场租房居住。2019 年，人社部印发了《新生代农民工职业技能提升计划（2019—2022 年）》，各地政府开展了内容丰富的购买农民工职业培训服务工作。2020 年 5 月 1 日，中国第一部保障农民工工资权益的专门性法规《保障农民工工资支付条例》正式实施，标志着农民工工资支付保障工作步入法治化轨道。流动人口政策经历从"早期自由迁徙""严格控制""逐步允许流动但区别对待""公平对待"到"自由流动并全面推进融合"阶段，中国流动人口政策日趋友好。[1]

与其他发展市场经济的国家相似，中国政府一直积极地进行体制改革，旨在更好地发挥市场作用，激发社会活力和创造力。这种改革并非简单地强调将责任转移给个体，而是致力于构建一个更加公平、透明和可持续的市场环境，使每个个体都能在其中发挥自己的作用并实现自身价值。同时，中国政府倡导的价值观念是鼓励创新、尊重选择，并强调个人与社会责任的和谐共生，但一些地方仍出现了 GDP 主义与功利主义、利己主义的"合谋"。[2] 这在一定程度上使得中国的社会风险得以扩大再生产。在中国情境下，个体化进程中所伴随的某些看似常态化的挑战与困惑，往往与制度环境息息相关。因此，我们不仅要深入思考哪些制度因素限制了

---

[1] 悦中山、王红艳、李树茁：《流动人口政策演变与农民工的社会融合》，《西安交通大学学报》（社会科学版）2023 年第 1 期。

[2] 肖瑛：《风险社会与中国》，《探索与争鸣》2012 年第 4 期。

个人追求自我实现的空间，更要积极探索需要怎样的制度设计去凸显个体的主体性，主动寻求并遵循合理的规则与秩序。

此外，虽然中国社会福利和保障制度的目的从 20 世纪 90 年代的提高生产力、坚持权利与义务相统一，转向维护社会公平和稳定，但推行权利和义务相结合的自我保障观念，以及倡导家庭和自我在社会福利需要中的责任将会长期存在，补救式的社会福利仍继续推行，面对特定群体对社会福利的需求，如何将个体责任内化仍是一个重要的政治议题。

第二节　治理型增能：知识—权力的结合

有序推进农村转移人口的市民化是中国式现代化进程中的重要议题。农业转移人口的市民化首先要解决的是农民工的市民化问题，要实现农民工融入城市并成为新市民的目标，迫切需要建构农民工融入城市的社会机制。为了实现这一目标，既需要宏观上优化农民工的生存环境，更需要有经世致用的策略或方式去有效回应个体的现实困境。这种方式需要既不给治理对象带来伤害，也不会将所有的个体和家庭都转换为案主。这就需要确保每个个体是自主的、自由的，但同时也要认识到有些个体是需要进行干预的。要实现这一点，根据福柯的治理理论，专业知识和专家系统在现代社会管理与规训人口的机制运行中起着关键作用。

对于社会转型期出现的农民工的不适应问题，社会工作被视为国家维持其合法性并保护个体的较为恰当的方式。从社会工作视角看，党政部门、用人单位、居住地组织、专业服务机构的介入属于治理型增能，治理型增能是治理与增能的融合。由于社会工作与社会治理的同构性，通过专业服务，激发个人潜能，丰富生活并阻止其功能失调，促进社会变迁与人际关系的融洽。[1]

---

[1] 顾东辉：《"治理型增能"：治理理念在流动人口增能中的应用》，《西北师大学报》（社会科学版）2015 年第 3 期。

一 政治理性的追求：以人民为中心的执政理念

社会工作起源于贫民救济或慈善事业。伴随工业化引发的社会问题而产生的，工业化先行国家解决社会问题的理念和方法为社会工作的产生奠定了实践基础，社会工作成为一个有组织的机构或社团，为解决个人所遭遇的困难而提供一种援助，为协助个人调整其社会关系而提供的各种服务的制度。在这种服务制度中，由政府或社会服务组织提供专业性服务，也正因此社会工作才被纳入现代社会系统中，确立为实行政府福利、保障社会稳定和谐的一种重要制度。社会学曾被认为是资产阶级的伪科学，被误认为只是研究社会矛盾、社会问题，即专门找社会阴暗面的，而社会主义消灭了剥削制度，没有社会矛盾和社会问题，加之中国社会主义革命和建设的各项任务与工作都完成得较好，因而认为这门学科没有意义。[1] 计划经济体制下单位和公社制度的大包大揽也使得这一专业处于被冷落的境地，发展滞缓。直到 2006 年，"构建和谐社会"的政治主张打破了这个局面。和谐社会不仅是中国共产党执政理念的重大转折，也是专业社会工作发展的新突破。2006 年，《中共中央关于构建社会主义和谐社会若干重大问题的决定》中明确指出，"建设宏大的社会工作人才队伍"有助于"加强党对构建社会主义和谐社会的领导"。换句话说，专业社会工作从人才培养到社会工作组织、职业化等都得到政府的大力支持，[2] 并将成为实现政府提出的建设和谐社会的政治目标的重要手段或工具。面对空前的社会变革带来的社会矛盾及可能带来的社会问题，中国政府要求社会工作者应该与共产党组织一起帮助党和政府解决社会冲突，比如在《中共中央关于构建社会主义和谐社会若干重大问题的决定》中，做了如下表述："构建社会主义和谐社会，关键在党。必须充分发挥党的领导核心作用，坚持立党为公、执政为民，以党的执政能力建设和先进性建设推动社会主义和谐社会建设，为构建社会主义和谐社会提供坚强有力的政治保证……

---

[1] 雷洪：《关于我国社会学学科性质的研究》，《社会学研究》1987 年第 4 期。
[2] 陆士桢、王志伟：《中国社会工作本土化发展的双重机理及其实践路径》，《新视野》2020 年第 1 期。

造就一支结构合理、素质优良的社会工作人才队伍,是构建社会主义和谐社会的迫切需要。"

民政部明确了两个融入:一是促进社会工作融入社会治理大局,加快推动教育、卫生、公安、司法、信访、工会、共青团、妇联、残联等部门,在本系统、本领域积极发展社会工作,使社会工作逐步成为社会治理和社会建设的重要专业力量;二是促进社会工作融入民政事业发展大局,在各项民政业务中率先推广社会工作专业理念,率先普及社会工作专业知识,率先开展社会工作专业实务,切实增强民政为民服务、为民解困的实效。党的二十大报告中提出,"推进国家安全体系和能力现代化,坚决维护国家安全和社会稳定"。这对社会工作发挥专业优势、解决社会问题提出了新的要求,社会工作界也应该进一步适应社会主义现代化国家建设的需要,强化为广大群众服务的理念,提升自己的服务能力,为促进国家经济社会建设、切实增进民生福祉作出专业贡献。[①]

在中国社会转型期和社会个体化过程中,不确定性一直存在,社会生活的不可预测性或人类的主体性带来的不确定性、不可数学计算的可能性主导着世界。不确定意味着风险,为了减少风险,就需要对风险进行管理。在吉登斯看来,风险管理只与个人公民或消费者相关。这一点与中国不同。针对农民工群体的风险管理而言,对风险的管理不仅包括承担风险的个体,还包括国家的分担。也就是说,不仅要以服务的方式给予他们福利和保障,个体也要为自己的福祉负责,帮助个体在权利与对风险责任的认知之间取得某种平衡。显然,这给社会工作发挥其专业作用提供了一定的社会空间和制度空间。面对有限资源和庞大的需求之间的矛盾,推行权利与义务结合的自我保障观念,调用或依靠传统的自助和互助系统,解决个人面临的种种问题,运用专业力量来减少风险,社会工作正成为国家治理的具体技术或策略。

二 社会工作专业服务:工具化的政治实践

当前很多地方政府部门试图借助专业社会工作,加强其权力和利用相

[①] 王思斌:《发展社会工作 增进民生福祉》,《中国社会工作》2022年第30期。

关资源，实现社会稳定的政治。这样做的结果是，很多地方政府部门在并不清楚社会工作职业真正含义的情况下，利用这个新的政策话语和专业群体去扩大其管理权力。一些地方政府将其纳入维稳工作中，专业社会工作被期望运用社会服务，缓解社会问题并协助地方政府维护社会稳定。让社会工作者做维稳工作，并用维稳的"成果"来考核，社会工作沦为地方政府维稳的工具。[1]

尽管地方政府引入社工尤其是近年来开展购买社工服务，或出于政府职能转变的需要，或为缓解社会问题和社会矛盾的需要，抑或是政治任务等多种原因，但更多的是出于地方政府自身的考虑，本质是维护社会秩序和社会稳定。

随着社会工作制度化推进，社工服务经费有所提高，但笔者近两年在社工站的督导评估过程中，仍然会听到对社工服务成效的质疑。同时，不同渠道的资源正用于提高社会工作的专业化水平和推动职业化进程。

三 社会工作职业修辞：尽显政治化的渴望

社会工作作为一个职业出现，被认为是组织化的专业介入公共议题，是对社会结构和社会需要的制度性回应。《中国大百科全书·社会学卷》对社会工作的定义："社会工作是国家和社会解决并预防社会成员因缺乏社会生活适应能力、社会功能失调而产生的社会问题的一项专门专业和一门学科。它的性能是通过社会服务和社会管理，调整社会关系，改善社会制度，推进社会建设，促进社会的稳定发展。"该定义表明，社会工作的实践仍离不开调查研究，通过搜集数据和与政策制定者磋商，希望政策制定者听到并采纳对各种社会问题的见解和解决方案。社会工作服务是以践行人文道德价值和捍卫社会公义为使命的专业服务，这决定了社会工作在本质上是一种道德实践和政治实践。在实践上，就包含了助人和维护秩序两种使命。但人的发展和秩序的维护是不

---

[1] 王思斌：《社会工作在创新社会治理体系中的地位和作用———一种基础—服务型社会治理》，《社会工作》2014年第1期。

同的，社工的最终目的和最高宗旨是助人而非保护。社会工作是秉持利他主义价值观，以科学知识为基础，运用科学的专业方法，帮助有需要的困难群体，解决其生活困境问题，协助个人及其社会环境更好地相互适应的职业活动。①从中可以看出，社会工作者工作的开展围绕着人来展开，在服务时要充分考虑到受助人的需要及其主体性，帮助受助的个人满足其合理需要、摆脱困境，以实现受助者的自助为专业目标。但同时，在王思斌发表的一系列论文中，宣称专业化的优势地位会使社会工作者成为现有秩序的一部分，并认为专业工作与民政工作在性质、功能、运作方式、执行主体、工作效果上有截然的区别，但这并不能改变社会工作与政府部门仍是主导与依附关系的现实。

社会工作对现有制度的功能显而易见。目前，中国的社会工作服务以"人民对美好生活的向往"为目标，建立人们对美好生活追求的社会支持网络与系统，从而显示出社会工作者的赋权能力。在中国的特定情境下，社工的最终目的是要解决社会问题，维护社会稳定。

第三节　社会工作服务与农民工个体化

在21世纪更广泛的全球背景下，社会工作理论和知识的表达方式更加多样化，社会工作视角、重点和方法也需要转变。当前，中国社会工作多专注于促进社会团结、维护社会秩序。

一　个体的自我管理

社会工作为具体的个体提供服务，有助于帮助个体管理他们自己的生活，通过给有问题的农民工提供信息和激励，使得他们成为自己风险的管理者。从风险的角度看，人类服务实际上就是对风险的管理，服务的组织、管理和服务的提供是围绕着风险管理来展开的。

参加了六一儿童节的活动，居委会给我们孩子很多鼓励。孩子

---

① 王思斌主编：《社会工作概论》，高等教育出版社1999年版。

的感想不错，为这个还写了篇日记。打心眼里感谢居委会和那些举办活动的人，能拿出那么多钱来办这些活动，这是给我们孩子最大的福利了。居委会的工作人员（实际上是社区社工）对我们这些外来人口真不错，可以说我特别感动……我们这种人比不得城市人，素质没他们高，只能在街上摆摆摊儿，会给国家（城市）添乱，没想到他们还想着为我们做事。(C28－LJ)

在就业问题上，新生代农民工会遇到不公平的对待，此时社工使用赋权的实践化解了他们的消极情绪，缓解了矛盾。

> 社工帮助服务对象检视自己的社会关系，增强其维权意识，向社区、政府及时反映问题；建立职业小组，开展各种活动，目的是加强职业规范、知识和能力的培训，提高他们的就业能力，促进与劳动力市场的整合……经过这个过程，他们消极应对困难的局面改变了，化解新环境中的生存风险能力得到提高，实现了融入社区的目标。(C30－W)

二 一线社会工作者的政治自觉

一线服务工人是中国专业目标和政治目标的实践者。学校在教育过程中，会将这些理念融入其中，从而影响着从业者的服务设计和服务行为。学校的思想政治教育课程力图塑造国家所需要的、具有一定政治素养和觉悟的人才。为了解学校开设思想政治教育课程对未来服务提供者的作用，笔者拟出如下三个问题进行了访谈：一是马克思主义基本原理，你对学校阶段的一系列思想政治教育课程的看法是怎样的？（如开设的必要性及为什么），二是对社工从业的影响是怎样的？三是在学习中央文件精神的时候，是否结合自己所学专业和未来工作领域去考虑怎么做的问题？

> 思想政治课更注重的是人"三观"的塑造，在具体的从事社工实务中，会有潜移默化的影响。但是，具体的社会工作政策法规很

少，更多的是一些国家政策导向，关注的群体，可以在从事具体的社工工作中应用。(C31-SW)

我个人认为，开设这些课程是有必要的。首先，我认为政治性课程的开设，有利于我们了解一些国家的大政方针；其次，不管效果如何，可以了解一些比如马克思等的基本观点，有利于本专业的学习；再次，从知识学习上来看，一些政治家的观点也相当有意思；最后，学习这些课程，对于我们了解社会有很大的帮助。不过，开设课程的授课形式可能需要进一步丰富。中国社工很大一部分是通过政府购买的形式，通过学习这些课程，了解国家大政方针，比如学习政府工作报告等，可以了解国家对社工专业的基本政策，从而让我们更好地认识专业就业背景，增强对本专业美好前景的信心。(C32-DHW-M-23)

学校开设了像《马克思主义基本原理概念》等一系列的政治课程，我觉得这些课程有开设的必要性。首先这些课程能够让我了解我们国家的性质、政党的性质，以及它是以什么样的宗旨去服务社会的。其次，这些政治课程能够帮我们树立正确的世界观、人生观和价值观，明白作为一个学生应该有远大的社会理想。最后，就是能够服务于我们自身的生活，教给我们生活的方式和道理，让我们生活得更好。(C10-Zkh)

对社工专业的学生尤其是长期从事社工专业实践的学生而言，他们认为开设思想政治教育课程是必要的，对于开展专业服务是有帮助的。实际的难点主要是授课内容无新意、方式单调，从而很难引起学生的兴趣，但这些指责都与教授的内容和主旨无关；相反，他们表达出要了解目前中国政治知识或背景的渴望。

因为政治老师的授课内容多为书本知识，引用的例子多为国际关系或历史事例，少有结合我国社会中存在的社会问题或与社会问题有关的政治知识教学。为了了解最新信息，有些会自觉学习，会有一些定时的学习。学习中会结合本专业考虑。比如这几天的政府工作报告中提到的关于发展专业社会工作，创新社会治理，还有就是养老改革等。这些和社工专业息息相关，社工会被大众逐渐了解，专业社会工作也会在养老等民生领域发挥不可替代的作用。（C32-XJ）

一线服务提供者的去政治化话语。尽管在学习过程中，注重政治性的学习及对专业的影响，但在专业社会服务实践中，也出现了去政治化的趋势。一般而言，多采用两种机制将其服务去政治化（de-politicization）。

一是家庭制度。这是将社会问题非政治化的方法，是将社会问题定性为家庭内部的私人领域的问题。一个刑满释放的农民工回家后出现了很多问题，社工就家庭矛盾做了如下分析。

> 社会工作者运用接纳、倾听、同理心等专业技巧，为服务对象提供情绪宣泄的渠道，将其对父母的不满全部宣泄出来。社会工作者又和服务对象谈起了他和父母之间的矛盾。社会工作者鼓励服务对象从同理心的角度换位思考，理解和体谅父母：做父母的肯定都关心儿女，可能因为种种原因，做得不是很公平，作为儿女也要体谅父母，特别是自己也做父亲了。人与人之间要相互体谅、相互包容，家庭成员之间也是如此，人非完人，孰能无过。（××省优秀社工案例S03）

二是经济决定的论述，也可以达到去政治化的目的。例如，有学者分析了工作中的劳资冲突，[1] 就使用了管理和行政的论述方式。

"重视C层面、D层面的干预（前者是帮助特定员工处理官僚机构和组织层面的问题，后者是通过劳工福利政策的规划和运用来帮助普遍意义上的员工），应当是当前企业社会工作关注的重点。"从郑广怀、刘焱的研究结论可以看出，尽管他们强调了工作重点应从个人层面转向环境方面，但仍指向企业的组织管理和制度，强调"对新员工的社工干

---

[1] 郑广怀、刘焱:《"扩展的临床视角"下企业社会工作的干预策略》，《社会学研究》2011年第6期。

预应更多定位在改善车间管理体制和劳资对话机制的构建",这实际上仍是经济式的论述范畴。又如,面对失业者的困境,社工在社区层面的介入,尊重个别化的原则,协助他们发挥潜能,进而提高失业者的就业能力以实现自我价值,提高他们的抗风险能力,这些话语也属于上述的论述范畴。

值得一提的是,对学校思想政治教育的重视与在工作中有意识地去政治化并不矛盾。前者知晓了服务的本土情景,改变路径依赖,获知服务的政治敏锐性及宏观改变的渐进性,因此,会在服务实践中特别留意;而后者则与专业自觉和国内专业话语的增强有很大关系。有学者提出,作为实践场域中的核心,社工应具备社会动员、政策影响的意识与能力,应能通过服务的专业性拓展在服务场域中的影响力,从而拓展在多元主体共同参与社会治理过程中的主体权利。[①]

三 作为生活计划方法论的社会工作实践

对于社会工作而言,必须处理新生代农民工在更加个体化的城市中如何生活的问题。社会工作者需要帮助人们充分认识到那些影响他们生活的社会、经济、政治和文化情境。例如社会工作者可利用专业方法,指导企业如何处理农民工进厂所带来的新情况和新问题,通过建立社会的支持系统,发掘农民工自助的潜力。[②] 社会工作及其实践为受到排斥的人建造了一种类似于"生活计划的方法论",从而可以使个人和社会发展真实受益,[③] 专业人员就是要帮助新生代农民工如何在多种方案面前做出选择。在这个方法论的指导下,作为服务使用者的新生代农民工获得了如何进行行为选择、如何调节情感生活等的知识和能力。在不改变或少改变现有社会、经济和政治结构的情况下,关注人际互助,在新

[①] 华姝姝、曾秀兰:《主体性缺失与工具理性选择:社会工作介入工业园区职工服务的角色困境与策略研究》,《中国劳动关系学院学报》2023年第5期。

[②] 谢建社:《农民工社会工作的理论与实践——来自粤穗社工服务经验》,中国社会出版社2015年版,第13—14页。

[③] Harry Ferguson, "In Defence (and Celebration) of Individualization and life Politics for Social Work", *British Journal of Social Work*, Vol. 33, No. 5, 2003, pp. 699 – 707.

生代农民工的社会网络中引入新的支持资源（社会调解者或志愿者）。

虽然社区支持网络的主要目标是提高非正式资源的人际交换，但这些介入强调的是发展个体和社区解决共同问题的能力，提高社区赋权，有利于创造出集体行动的环境。专业社会工作者还需要做好宏观层面的社会工作，发掘各种资源，主动参与到相关政策的制定和评估中来。科学地调查和评估新生代农民工的现实需求，并进行切实的服务行动，为该群体提供开放的、异质性的社会支持网络，进而促进新生代农民工实现其生活计划。

第四节 社会影响及后果

一 个体性向下递增

在封建社会，权力地位越高，越容易受到人们的关注，也越容易被他人或制度所监控。也就是说，越有权势的人就越具有个体性，顺着社会等级的阶梯而上，越往上个体的特征就越被重视，而处于底层社会的平民则常常被视为无差别和没有个性，自然也不被列为历史书写的主要对象，这可被称为"个体性向上递增"现象。[1] 然而，到了近代和现代社会，出现了相反的现象，即人或群体的社会地位越低，越容易成为权力关注的目标，通过多种方法去收集这些个体的各方面资料，底层个人的个体性逐渐被关注，建立管控对象的档案，这种对底层社会个体性异常关注的现象就是"个体性向下递增"（decending individualism）现象。

二 社会问题的碎片化和技术化倾向

福利国家自20世纪40年代中期以来，行为科学与心理学中的技术理想主导了专业社会工作实践的发展，注重个人治疗实践的临床社会工作发生了更为技术化的转向。这样，社会工作者过于关注个体的心理层面，而对于影响个体的宏观的社会结构缺乏关注。这种倾向在中国社工的专业实

---

[1] 常修铭：《乾隆朝底层读书人生活探析——以疯人逆词案为中心的讨论》，《中国社会历史评论》2013年第0期。

践中已经显现，目前中国的社工主要引入的是结构功能主义学派，是对结构的修补和完善。随着中国个体化社会的来临，农民工问题的个体化特征会更加明显，个性的差异、生命周期的异同、社会环境系统状况等因素对个体产生重要影响。社会工作者面临着问题的个体化、需求的动态性等诸多不确定因素，面对复杂的问题，对其分析越深入，专业服务设计越有可能抓住问题的本质，但对问题的深挖也会逐渐忽视服务对象在现实生活中的行动改变能力。为了更快地向政府、社会和服务对象证明服务的效果、存在的合法性和正当性，尽快确立地位与社会影响力，使用更体现专业的手法和技术或许能更有效果。在笔者观察的一个农民工服务项目中，个案和小组工作以及以活动为主要形式的社区工作成为服务项目评估的主要方法，而社会工作者是否合格，首先要看其是不是会接个案，会不会开小组活动。笔者在参加社工教育协会会议时也感受到，那些没有接受过微观方法训练的老师常常被认为是不专业的，被边缘化，精通微观方法的老师非常受欢迎，接受微观方法训练甚至成为一种自觉。但是，对微观技术的过分迷恋容易导致服务对象和问题的碎片化倾向。有学者呼吁，社会工作要从碎片化的专业实践取向中解脱出来，关注以实现正义为目的的社会改革，开展具有社会道德与伦理关怀的介入行动，这将有助于解决社会的碎片化问题。

实际上，专业化与社会改革行动并不矛盾，专业化也并不意味着与现存社会秩序完全融为一体，可以有一定的距离。无论社会工作者选择哪一个层面（微观、宏观），或用哪一种直接方法（个案工作、小组工作、社区工作）介入，"增权"是唯一的共同目标。在这个共同目标下，社工的任务就是对工作对象进行增权，在解决个人困扰的同时，也致力于改善社会。

结语

社会工作实践是一个由工作者、案主和社会情景共同构建的过程，不同的社会情景创造了一套人们所认为的社会工作共享的现实。换句话说，社会工作是一个制度性的事实，社会工作都是基于政治而不是在真空中发展的。在西方，社会工作是福利国家体系的重要组成部分，同时也扮演政府工具性的角色。① 补救性服务成为目前各国政府福利资源主要的投放处,却忽略了结构性的不公平所带来的影响。在中国社会工作发展的初期阶段,社会工作发展和应用的过程是一个复杂的政治过程。

新生代农民工在城市社会中既面临着制度改变和转型给个体带来的风险和冲击,也有去传统化、嵌入难带来的诸多不确定性,该群体应对风险能力下降的不安全感和焦虑问题较为突出,城市社会中的种种结构性障碍,对于农民工而言可能意味着一个自身无法把握的"失控的(生活)世界"。社会工作者就是在这种情况下被派往第一线完成"社会"职能的人,他们在弥补由市场逻辑导致的缺陷。社会工作在追求案主改变的过程中,通过技术展现出专业权力,经由这个过程,塑造着特定的主体。因此,个体化并不是意味着集体维度的消失,而是应该意识到这些集体概念及其组织形式正发生着变化。生活政治不是意味着行动的去组织,而是对行为的再组织。因此,与其将个体化描述为增加或降低的个体化,不如将其描述为变化的个体化。

社会工作作为现代性的产物,现代性改变着它的目标和特征:以它自己的方式,社会工作实践着真(科学)善(伦理)美(美学)。同样地,为完成其在特定时期的政治使命,中国式现代化也以它自己特有的方式,改变着现代化建设的各个主体包括社会工作在内的现代化建设的力量。国家将资本和劳动力结合在一个市场社会中,使得劳动力的流动畅通无阻。但由于市场变化无常,为了保持劳动力大军的健康发展,引进社会工作专业服务成为必然。

在风险社会中,社会工作将服务对象培育成具有能动性、自主性和权责意识的积极市民,促使其积极主动地面对生活中的风险,为抵御风险创造真正的主体。要将社会工作及其服务放置于一个充满风险和不确定性的转型社会中,将新生代农民工群体如何面对这种风险社会、社会如何平稳转型作为理论关怀和实践目标。

制度本身与文化密切相关。通过意识形态的宣传贯彻,制度内化于

---

① 殷妙仲:《专业、科学、本土化:中国社会工作十年的三个迷思》,《社会科学》2011年第1期。

心，形成深层的文化结构，从而规范人类的行为。而专业制度在一定程度上是国家福利制度的具体化，在具体服务实践中，专业社会工作者不断生产和传播着主流文化。党的二十大勾勒了中国式现代化新阶段擘画的宏伟蓝图，赋予了社会工作更加崇高的历史使命和目标任务，需要社会工作在中国式现代化新征程中发挥其专业优势，提升自身能力、强化服务效能。[①] 社会工作的内容不但由前人写成，也依靠现在与未来的社会工作者，用行动及实践将其延续下去。

---

① 李迎生：《中国式现代化新征程中的社会工作研究》，《中国特色社会主义研究》2023年第1期。

第 六 章

研究结论与讨论

第一节 研究结论

改革开放以来，中国社会发生了巨大而深刻的变化，个体与国家、个人与社会、个人与集体的关系经历着结构性的转变。社会生活的个体化日渐成为当前社会最为重要的事实和变化，阎云翔将中国的个体化称为国家管理下的个体化，但对于国家是如何管理这个过程的，国家管理方式的变化对个体产生了怎样的影响，个体如何回应这种变化，则需要更多的实证研究予以详细而透彻的解释。本书以国家—个人关系为切入点，将国家人口治理与中国社会个体化的过程相结合，力图清晰地呈现改变新生代农民工群体生命历程的结构和过程。

乡—城流动人口是中国城市化进程的重要力量，他们面临的问题被多重要素与变量牵引及制约，对流动人口的治理体现了国家社会治理的主体建构。1978年，国家启动了以市场化、分权化为主要内容的体制改革，中国社会开始了向现代化社会全面迈进的关键期。市场的兴起和兴盛，一方面创造了大量的物质财富；另一方面，推动了社会主体权利意识和自主意识的迅速增强，市场对社会领域的渗透和影响以及由此引发了社会结构、社会观念、社会矛盾的变化。随着中国的现代性进程与市场转型的加速，现代与传统呈现出复杂的交互机制，在全球化、现代化浪潮下，中国的发展进程也与全球现代性、个体化紧密联系在一起。国家不断解除计划体制对个人生活领域的限制，激发社会成员活力，从传统的社会纽带中脱离出来的农民，既要面临和跨越城乡二元鸿沟，也要面临着个体化与风险化并存的现代性社会中个体与社会结构之间关系的重塑。在这个过程中，国家通过身份证制度、培训制度、媒介话语、就业制度、积分制度和社会关爱等制度，帮助他们更好地融入城市生活，而在个体化社会中成长起来的新生代农民工积极寻求新的解决方法和途径，从心理、思想、态度和行为方式上也经历着向现代性的转变，逐步具备与现代化发展和城市社会相适应的素质和能力，一个具有主动性、有进取心、自我治理的新市民群体正在形成。

可见，新生代农民工的个体化具有双重性，即新生代农民工个体化包括两个过程：一是个体主体性（新市民）的形成过程，二是个体化的治理实践。第一，个体化的主体是被建构出来的，主体性塑造包含着个体思考的方式和自己行动的积极建构，经由一系列的制度塑造，新生代农民工将自己视为独立的个体积极地构建自己的生活，个体成为一个主动的、有进取心的求职者或自我管理的主体，以不同于前辈的方式积极地构建自己的生命历程。第二，在现代化语境下的人口治理问题。日常生活及其主体是国家事务和国家治理的对象和重要内容，[1] 同样，对于人口的位置（location）、数量和质量的治理是中华人民共和国成立后人口治理的主要内容，身份证制度、学校教育和积分制是实现对人口分类治理策略的关键，这使得新生代农民工个体需要依靠遵守城市的规则来重新建构安全感，为了弥补制度保障的不足，个体转向家庭寻求安全网络以应对风险。面对庞大的社会和国家，个体的再嵌入还需要充分的机制保障和健全保障个体权利的机制。由此可见，农民工个体的形成过程与治理的过程交织在一起，经由这一过程，自我治理的主体得以形成，这客观上推动了中国走向了一条独特的个体化道路。

社会个体化的整合机制。对于新生代农民工的整合问题，笔者以为主要分为两个层面。第一个层面是作为主体的新生代农民工发起的跨域社会网络。通过传统的人际交流网络、中低端信息传播技术等多种形式，形成了跨域社会网络，借由这些网络，进行着物品、服务、信息和情感的沟

---

[1] 郭于华：《回到政治世界，融入公共生活——如何重新激发底层公众的政治参与热情》，《人民论坛·学术前沿》2013 年第 23 期。

通，共同构建了充满流动与意义的延展空间。这不仅使得他们的生活获得了跨时空的延展体验，而且舒缓了独自面对系统性问题与脱嵌后被迫自由之间的张力。以家庭为中心的身份认同，成为他们协调或对抗城市边缘化生活的"弱武器"。中低端信息传播技术赋权效应渐现，这也给新生代农民工群体的个体化和整合带来新的契机。第二个层面的整合是国家的制度性再整合。在中国社会的个体化过程中，新生代农民工个体被迫积极构建自己的传记，积极地处理来自系统的风险。面对个体化社会的风险，专业社会工作通过自我赋权、集体赋权和社区赋权，激活农民工的能动性，调整流动人口行为模式，协助工作对象与外在场境达至适应性平衡的专业服务及其管理活动，规范其社会角色，提高了农民工融入城市的能力，促使农民工从被动融入到主动融入的转变。专业社会服务者还以个体化的方式，为新生代农民工的生活规划给予指导。借助专家系统、专业知识话语和专业服务实践，社会问题被个体化处理，并倾向于回到"个体"去找到答案，这在一定程度上有效地内化了风险；与此同时，城市社会治理吸纳了社会工作在政策、行政和实务层面的智慧，实现对流动人口的治理型增能。

笔者以为，尽管社会个体化带来了一些道德上的真空，但在新的环境下成长起来的个体也在主动地应对这个真空。在社会个体化转向中，农民工的社会义务网络确实发生重要变化。如果该网络中断，就会出现对自我的高度关注，发展个性、培养技能和能力成为新生代农民工的主要动机。与此同时，虽然个人关系遭到弱化，但义务本身尤其是对家庭成员的义务和责任感并不会遭到削弱。在私人生活领域，受消费主义影响，出现了一种新形式的家庭关系，增强了主体的自信和自我认同。

第二节 进一步研究的问题

一 信息社会的个体化问题

信息技术高速发展搭建了一个全球化的平台，改变了由国家、专家的符号消费控制大众信息消费的局面，每一个人实际都是策展人，都有可能从原先专家话语和国家话语中跳脱出来，成为收集资讯、建立自我品格的新主体。而小众群体能够借助社群网站等平台嵌入多样化的社群中，并依托社群内部建立的关系网络来获取工作机会、商业信息、知识、技能等信息，还能够为他们提供情感支持、心理慰藉等，帮助他们应对生活中的各种困难和挑战。正如翟本瑞所说，这不仅可以纾解资讯超载下的心理压力，也可以借此发现得以安身立命的场域。[①] 而由内容、策展人以及受影响的追随者形成的数个小规模的社群结构和关系也经常重组与更替，一个比现实世界更丰富的社会生态系统正在诞生。这在一定程度上，为农民工等处于数字鸿沟不利地位的弱势群体赋予了新的权力与机遇，有助于缓解他们在现实世界中面临的劣势地位。在制度性个体化的背景下，他们虽然过着一种相对孤立的生活，但通过这种方式，他们实现了以个体身份与他人建立联系的可能。学习如何做决定、学会如何关照自身并规避风险。在信息环境下，个体化社会呈现出怎样的景观？传统的范畴消失了吗？还是以另一种形式继续存在？在信息社会中，存在着怎样的风险？风险又是如何分配的？

在网络小规模社群的影响下，不同团体间的资讯分享与传递实现了 M. S. Granovetter 所说的弱连接优势。[②] 这些社群通过发达的资讯传递模式，成功地动员了以往难以汇聚的社会力量，达到了前所未有的集结与影响力。国家在网络空间中扮演什么角色？网络个体化对于国家管理的个体化形成怎样的挑战？国家的治理如何回应信息化过程中已经初步自我赋权的人们的需要？国家与社会的关系如何受到互联网的影响？是达到福柯的理论意义上的从外在控制向内在控制的转变？还是实现了对社会及个体的赋权？抑或是互联网开启了一个新的、未开放的政治领域，国家和社会都试图在这个阵地上进行新的扩张？两者之间是如何相互赋权或改造的？这些都值得进一步研究。

---

① 翟本瑞：《策展：资讯社会的社群基础》，《社会理论学报》2013年第2期。
② M. S. Granovetter, "The Strength of Weak Ties", *American Journal of Sociology*, Vol. 78, No. 6, 1973.

二 中国式现代化进程中流动人口的区域治理研究

人口问题始终是中国式现代化建设中的基础性、全局性、战略性问题，统筹人口治理与经济社会发展事关中国式现代化建设的大局。中国的流动人口从20世纪90年代的几百万、上千万人到2020年已经超过三亿人，是世界历史上从未有过的现象。从西方现代化的理论来看，这是不稳定因素，但是从中国的实践来看，这既是一个保持经济活力的因素，又是一个社会稳定因素。党的二十大报告开创性地提出了中国式现代化的战略论断，将人口要素视为中国式现代化建设的核心动能，是经济社会建设中最具活力、能动性和创造性的要素。为积极应对现实人口问题、及时化解潜在人口风险，应尽快实现战略导向的历史性转变与人口治理体系的整体性重塑，构建新型人口治理体系，优化人口治理策略，亦即注重提升人口战略的针对性、科学性、有效性。[1]

此外，随着流动家庭人口生命历程和家庭生命周期的变化，人口流动已经呈现出"流动有序、进退有据"的流动格局。但人口在城乡和区域之间的配置存在着结构性失衡，人口流动与迁移不均衡等问题凸显，[2] 一方面是未来人口空间分布或将呈现"聚集"，即珠三角、长三角、京津冀等城市群人口持续增长。这些区域要强调运用法治化、智能化、社会化和专业化方式，以协调性、制度化的方式明确各治理主体的责权利，解决和化解流动人口治理中出现的问题和矛盾，并将预警和应对流动人口发展风险、满足流动人口发展需求和实现流动人口全面发展作为治理的最终目标。另一方面是人口收缩，表现为农村地区、东北和西北地区的人口减少，人口调控和经济社会治理的难度更大。需要注意的是，农民工出现回流或反向流动趋势，县城里的"家"成为农民工的主要回流地，因此，推动县域城乡融合发展为流动人口打造未来的"家园"是中国式现代化道路走得通、走出中国特色的关键。县域是城乡融合发展的重要切入点，

---

[1] 王胜今、杨晨：《优化人口发展战略 推进中国式现代化》，《人口学刊》2023年第1期。

[2] 胡湛、彭希哲：《治理转型背景下的中国人口治理格局》，《人口研究》2021年第4期。

也是农民工群体在其生命周期的最后一个阶段共享发展成果、实现共同富裕的重要支撑，在推进以县城为重要载体的城镇化建设过程中，特别要推进以人为核心的新型城镇化，加强理顺县域城镇化发展的体制机制研究，聚焦治理难题，强化党建统领、整体智治，让老百姓真实感受到现代化中国的魅力。

参考文献

一 中文文献

常凯:《WTO、劳工标准与劳工权益保障》,《中国社会科学》2002年第1期。

陈峰:《国家、制度与工人阶级的形成——西方文献及其对中国劳工问题研究的意义》,《社会学研究》2009年第5期。

陈周旺:《权界意识的生长:中国个体化社会的形成与国家转型》,《人文杂志》2009年第1期。

仇立平等:《社会转型与风险控制:回到实践中的中国社会》,《江海学刊》2015年第1期。

崔岩、黄永亮:《就业技能与职业分化——农民工就业质量的差异及其社会后果》,《社会学研究》2023年第5期。

顾东辉:《社会治理及社会工作的同构演绎》,《社会工作与管理》2014年第3期。

郭伟和:《从一种规训技术走向一种社会建设——社会工作参与现代国家治理的作用转变》,《浙江工商大学学报》2016年第4期。

江立华:《改革开放四十年来的人口流动与农业转移人口市民化》,《社会发展研究》2018年第2期。

李立文、余冲:《农民工社会支持系统的构建》,《统计与决策》2008年第16期。

李育林:《新型城镇化背景下户籍制度改革的"积分制"探索——基于广东、上海的比较》,《广东广播电视大学学报》2014年第2期。

刘守英、王一鸽：《从乡土中国到城乡中国——中国转型的乡村变迁视角》，《管理世界》2018年第10期。

刘玉照、田青：《新制度是如何落实的？——作为制度变迁新机制的"通变"》，《社会学研究》2009年第4期。

潘毅等：《农民工：未完成的无产阶级化》，《开放时代》2009年第6期。

渠敬东：《涂尔干的遗产：现代社会及其可能性》，《社会学研究》1999年第1期。

沈原：《社会转型与工人阶级的再形成》，《社会学研究》2006年第2期。

石智雷、刘思辰、赵颖：《不稳定就业与农民工市民化悖论：基于劳动过程的视角》，《社会》2022年第1期。

孙婕：《积分落户制度实施模式比较研究》，《中国人民公安大学学报》（社会科学版）2018年第4期。

佟新：《平衡工作和家庭的个人、家庭和国家策略》，《江苏社会科学》2012年第2期。

汪晖：《两种新穷人及其未来——阶级政治的衰落、再形成与新穷人的尊严政治》，《开放时代》2014年第6期。

王春光：《个体化背景下社会建设的可能性问题研究》，《人文杂志》2013年第11期。

文军：《个体化社会的来临与包容性社会政策的建构》，《社会科学》2012年第1期。

肖瑛：《从"国家与社会"到"制度与生活"：中国社会变迁研究的视角转换》，《中国社会科学》2014年第9期。

熊跃根：《从社会诊断迈向社会干预：社会工作理论发展的反思》，《江海学刊》2012年第4期。

杨君：《个体化的限度——公共性与团结性的社会整合路径探索》，《浙江学刊》2023年第6期。

翟本瑞：《从社区、虚拟社区到社交网络：社会理论的变迁》，《兰州大学学报》（社会科学版）2012年第5期。

张超、黄晓星：《"自己的活法"：新生代农民工的个体化成年转型》，《青年探索》2023年第6期。

郑广怀:《劳工权益与安抚型国家——以珠江三角洲农民工为例》,《开放时代》2010 年第 5 期。

周雪光:《权威体制与有效治理:当代中国国家治理的制度逻辑》,《开放时代》2011 年第 10 期。

二 外文文献

Ana Caetano, "Reflexivity and Social Change: A Critical Discussion of Reflexive Modernization and Individualization Theses", *Portuguese Journal of Social Science*, Vol. 13, No. 1, 2014.

Arianne Gaetano, Tamara Jacka eds., *On the Move: Women in Rural-to-Urban Migration in Contemporary China*, New York: Columbia University Press, 2004.

Axel Honneth, *Pathologies of Reason: On the Legacy of Critical Theories*, New York: Columbia University, 2009.

Bob Mullaly, *Structural Social Work: Ideology, Theory, and Practice*, Oxford University Press, 1993.

Chris King-Chi Chan. "Class or Citizenship? Debating Workplace Conflict in China", *Journal of Contemporary Asia*, Vol. 42, No. 2, 2012.

Davis Deborah ed., *The Consumer Revolution in Urban China*, Berkeley: University of California Press, 2000.

D. Lyon, *Identifying Citizens: ID Cards as Surveillance*, Cambridge: Polity Press, 2009.

Gabe Mythen, "Employment, Individualization and Insecurity: Rethinking the Risk Society Perspective", *The Sociological Review*, Vol. 53, No. 1, 2005.

Gary Sigley, "Chinese Governmentalities: Government, Governance and the Socialist Market Economy", *Economy and Society*, Vol. 35, No. 4, 2006.

Graham Burchell, Colin Gordon, Peter Miller eds., *The Foucault Effect Studies in Governmentality*, The University of Chicago Press, 1991.

Gurminder K. Bhambra, *Rethinking Modernity: Postcolonialism and the Sociological Imagination*, London: Palgrave Macmillan, 2007.

H. Zhang, "Labor Migration, Gender, and the Rise of Neo-local Marriages in the Economic Boomtown of Dongguan, South China", *Journal of Contemporary China*, Vol. 18, No. 61, 2009.

H. Zhang, "Who will Care for Our Parents? Changing Boundaries of Family and Public Roles in Providing Care for the Aged in China", *Journal of Long Term Home Health Care*, Vol. 8, No. 1, 2007.

John Knight, Lina Song, Jia Huaibin, "ChineseRural Migrants in Urban Enterprises: Three Perspectives", *Journal of Development Studies*, Vol. 35, No. 3, 1999.

Julia Elyachar, *Markets of Dispossession: NGOs, Economic Development, and the State in Cairo*, Durham: Duke University Press, 2020.

J. Urry, "Mobility and Proximity", *Sociology*, Vol. 36, No. 2, 2002.

Kai Eriksson, H. Vogt, "On Self-Service Democracy: Configurations of Individualizing Governance and Self-Directed Citizenship", *European Journal of Social Theory*, Vol. 16, No. 2, 2013.

Ka Tat Tsang et al., "Another Snapshot of Social Work in China: Capturing Multiple Positioning and Intersecting Discourses in Rapid Movement", *Australian Social Work*, Vol. 61, No. 1, 2008.

Kathya Araujo, "Social Theory Anew: From Contesting Modernity to Revisiting Our Conceptual Toolbox-the Case of Individualization", *Current Sociology*, Vol. 69, No. 3, 2021.

Kyuny-Sup Chang, "The Second Modern Condition?: Compressed Modernity as Internalized Reflexive Cosmopoli-Tanism", *British Journal of Sociology*, Vol. 61, No. 3, 2010.

L. Clark, S. Asquith, *Social Work and Social Philosophy: A Guide for Practice*, London: Routledge & Kegan Paul, 1985.

L. Rofel, *Desiring China: Experiments in Neoliberalism, Sexuality and Public Culture*, Duke University Press, 2007.

Mary Douglas, *Risk and Blame: Essays in Cultural Theory*, London: Routledge, 1992.

Matt Dawson, "Rewiewing the Critique of Individualization: The Disembedded and Embedded theses", *Acta Sociologica*, Vol. 55, No. 4, 2012.

Mike Savage, *Class Analysis and Social Transformation*, Buckingham: Open University Press, 2000.

Mitchell Dean, "Governing the Unemployed Self in an Active Society", *Economy and Society*, Vol. 24, No. 4, 1995.

Nikolas Rose, *Powers of Freedom: Reframing Political Thought*, Cambridge University Press, 1999.

Nikolas Rose, *The Politics of Life Itself: Biomedicine, Power and Subjectivity in the Twenty-First Century*, Oxford: Princeton University Press, 2007.

P. Alexander, A. Chan, "Does China have an Apartheid Pass System?", *Journal of Ethnic and Migration Studies*, Vol. 30, No. 4, 2004.

Paul MichaelGarrett, "The Trouble with Harry: Why the 'New Agenda of Life Politics' Fails to Convince", *British Journal of Social Work*, Vol. 33, No. 3, 2003.

Peter Kelly, "Governing Individualized Risk Biographies: New Class Intellectuals and the problem of youth at risk", *British Journal of Sociology of Education*, Vol. 28, No. 1, 2007.

P. Walsh, *Risk and New Realities: Social Ontology, Expertise and Individualization in the Risk Society*, Edward Elgar Publishing, 2022.

Ronlad Inglehart, Wayne Baker, "Modernization, Cultural Change, and the Persistence of Traditional Values", *American Sociological Review*, Vol. 65, No. 1, 2000.

R. Parsons, "Empowerment: Purpose and Practice Principle in Social work", *Social Work with Groups*, Vol. 14, No. 2, 1991.

San-Jin Han, Young-Hee Shim, "Redefining Second Modernity for East Asia: a Critical Assessment", *British Journal of Sociology*, Vol. 61, No. 3, 2010.

S. Munenori et al., "Individualizing Japan: Searching for its Origin in First Modernity", *The British Journal of Sociology*, Vol. 61, No. 3, 2010.

Susan Greenhalgh, Edwin A. Winckle eds., *Governing China's Population:*

From Leninist to Neoliberal Biopolitics, Stanford, C. A.: Stanford University Press, 2005.

Tim Oakes, S. Louisa, *Translocal Linkages, Identities, and the Reimaging of Space*, London: Routlede, 2006.

Wendy Larner and William Walters eds., *Global Governmentality*, London: Routledge, 2004.

Y. Kallinen, L. Häikiö, "Individualization of Disadvantaged Young People's Agency", *Journal of Youth Studies*, Vol. 24, No. 1, 2021.

附　　录

附表1　　　　　　　　　访谈对象基本情况

个案编号	性别（F-女，M-男）	文化程度	年龄	职业	婚姻状况	其他
C01-MY	F	中学	22	普工	未婚	电子厂
C04-TL	M	高中	34	保安	—	—
C05-SYZ	F	初中	26	技工	—	—
C06-YY	M	初中	25	普工	已婚	手机厂
C07-Z	M	高中	25	淘宝店主	未婚	电子外贸生意
C08-AD	M	初中	24	建筑工人	未婚	—
C09-GYL	M	初中	30	普工	已婚	—
C10-ZKH	M	本科	23	学生	未婚	—
C11-DHL	M	中专	35	司机	离异	有两个男孩
C12-YY	M	初中	34	普工	已婚	有一个孩子
C13-MT	M	初中	24	鞋店店主	未婚	—
C14-HY	M	初中	30	打短工	已婚	—
C15-MY	M	初中	25	水果零售	未婚	—
C16-WCY	F	初中	27	工人	—	电子厂
C17-DHF	F	高中	23	收银员	未婚	—
C18-XJS	F	初中	24	工人	未婚	—
C19-XL	F	中专	—	快递员	未婚	—
C20-BJ	M	初中	22	工人	未婚	建筑业
C21-ZL	M	初中	22	工人	未婚	建筑业
C22-MD	F	初中	36	店主	离异	2012年在店里访谈

续表

个案编号	性别 (F-女，M-男)	文化程度	年龄	职业	婚姻状况	其他
C23-YG	M	初中	34	建筑工	未婚	建筑业
C24-HCM	M	初中	26	油漆工	未婚	建筑业
C25-CCY	M	初中	30	工人	已婚	—
C26-LEB	M	初中	28	售货员	未婚	服务业
C28-LJC	F	初中	28	厨师	未婚	餐饮业
C29-HS	F	本科	36	办事人员	已婚	民政厅
C30-WYZ	F	本科	27	社工	未婚	—
C31-SW	M	本科	25	社工	未婚	曾任校社工协会会长
C32-XJ	F	本科	23	理事长	未婚	社工组织
C33-LY	F	初中	32	工人	已婚	—
C34-RJ	M	本科	57	会长	已婚	JS省社工协会会长
C35-XSY	F	研究生	53	处长	已婚	JS省老龄委
C36-ZGQ	M	初中	32	工程监理	已婚	
C37-YLS	M	初中	42	工厂大组长	已婚	制造业
C38-YY	M	初中	44	返乡农民工	离异	零工
S01	2013年					
S02	个案报告，2013年4月5日					
S03	2012年××省优秀案例"破茧重生，温馨重现"					

注：个案编号中的字母代表个案的姓名简写，S代表服务项目或方案。

后　　记

在本书即将交付出版之时，要特别向那些慷慨分享个人经历与见解的农民工朋友们致以最崇高的谢意。你们的真诚与信赖，为我敞开了通往你们生活世界的大门，让我得以目睹那些常被忽略却充满挑战与希望的日常。你们面对困境时的坚毅与乐观，不仅是对命运的抗争，更是这个时代社会转型、城乡融合深刻变迁的生动展现。这也时刻提醒着我们，每一个看似平凡的个体，都蕴藏着改变世界的强大潜能。正是这些力量的汇聚，推动着社会持续进步。

感恩在我学术道路上给予指导与陪伴的老师们。华中农业大学钟涨宝老师以独特的学术洞察力和坚定的信念，开启了我在农民工市民化研究领域的研究；感谢上海大学张敦福老师的建议和意见，让我们在研究中少走了许多弯路；在社会学年会上，王春光老师对本书的核心思想点评一语中的，指出新生代农民工市民化的关键是赋予他们更多的选择权；感谢张文宏老师、周怡老师、何雪松老师、杨发祥老师、贾文娟老师等多位老师在书稿的不同阶段给予的建议和指导。

还要向在本书出版过程中给予大力支持的喻苗主任、周佳编辑以及所有参与审稿的专家学者们致以最诚挚的感谢。从最初的框架到最终定稿，每一步都凝聚着你们的辛勤付出和专业智慧。特别是周佳编辑，以专业的眼光和严谨的态度，雕琢每一处细节，严格为作品把关。正因为你们的倾心付出，这本专著终得以顺利问世。

此外，本书引用了众多学者的文献、观点，虽已尽力梳理，但难免有所疏漏。对此，一并感谢，文责自负。

李立文
2024 年 12 月 18 日